Soirbheas

Fair Wind

Not where I breathe, but where I love, I live;
Not where I love, but where I am, I die.

Robert Southwell (1561–95)

Mar chuimhneachan air m' athair
Nigel Bateman
a chaochail 16:09:2006

In memory of my father
Nigel Bateman
who died 16:09:2006

Soirbheas

Fair Wind

Meg Bateman

Polygon

This edition first published in Great Britain in 2007 by
Polygon, an imprint of Birlinn Ltd

West Newington House
10 Newington Road
Edinburgh
EH9 1QS

www.birlinn.co.uk

ISBN 10: 1 904598 92 7
ISBN 13: 978 1 904598 92 3

The publishers acknowledge subsidy from the

 Scottish
Arts Council

towards the publication of this volume

British Library Cataloguing-in-Publication Data
A catalogue record for this book is available on request
from the British Library.

Typeset by Koinonia, Bury, Lancashire
Printed and bound by Bell & Bain Ltd, Glasgow

CLÀR-INNSE *CONTENTS*

Taing
Acknowledgements

Tha mi ann an comain iomadh caraid agus neach-ealain a bhrosnaich gu sgrìobhadh mi thairis air na bliadhnachan. Nam measg, bu toil leam taing shònraichte a thoirt do Ian Olson, Pádraig Ó Snodaigh, Jamie Reid Baxter agus Nicholas Johnson. A thaobh an leabhair seo, bha Máire Ní Annracháin, Lilias Fraser, Iain Mac an Tàilleir, Iain Dòmhnallach agus sgioba Birlinn gu h-àraidh cuideachail.

I am indebted to many friends and artists who have encouraged me to keep writing over the years. I would particularly like to thank Ian Olson, Pádraig Ó Snodaigh, Jamie Reid Baxter and Nicholas Johnson. As regards this volume, I gratefully acknowledge the advice of Máire Ní Annracháin, Lilias Fraser, Iain Taylor, John Urquhart and the staff at Birlinn.

Chaidh cuid de na dàin sa chruinneachadh seo fhoillseachadh mu thràth anns na leanas:

Some of the poems in this collections have been published before in the following:

Bateman, Moore and Beake, *Etruscan Reader IX*, Etruscan Books, 1999
Donny O'Rourke, *Dreamstate* (2nd edition) 2002

Ronald Black, *An Tuil: Anthology of 20th-century Scottish Gaelic Verse*,
 Polygon, 1999

Nicholas Johnson, ed., *FOIL*, Etruscan Books, 2000

Robert Crawford, *'Heaven-Taught Fergusson'*, Tuckwell Press, 2003,
 www.st-andrews.ac.uk/institutes/sassi/'Robert Fergusson'

Dorothy MacMillan, ed., *Modern Scottish Women Poets*, Canongate,
 2003 (4 poems)

Skinkling Stars

Nomad 4

Chapman 104

Gath 1–3

Soirbheas, s.m. Fair wind on the sea – *Skye.* Wind, flatulence – *Argyll.* (*Faclair Gàidhlig gu Beurla le Dealbhan/Dwelly's Illustrated Gaelic to English Dictionary,* 1920)

EARRANN I
Air a' Ghàidhealtachd

PART I
In the Highlands

Turadh an Uibhist

Sìos is suas an staidhre leatha
na slapagan flagach
's i a' cur fàilte air an t-sìde,
a' rannsachadh an taighe
airson gach stiall aodaich
a dhinneas i san tuba,
a dh'fhàisgeas i –
a ruighean a' bòcadh,
agus a thogas i air cairteal
a' mhìle de ròpa
a tha a' fiaradh na pàirce.

Chithear an taigh bho Èirisgeigh thall
na luing fo uidheim,
siùil airson deich bruadaraichean
gan lìonadh air fàire.

Fine Weather in Uist

Up and down the stairs
she slaps in her slippers,
greeting the day,
ransacking the house
for any scrap of washing
she can stuff in the tub,
then wring out
with forearms bulging
and hoist up
on the quarter mile of bunting
which zig-zags the field.

From over in Eriskay
the house looks like a ship:
sails for ten dreamers
unfurl against the sky.

Mac

15:07:1912 – 29:12:1997

Bha uair a fhuair thu air a' fòn mi
is ged a dh'aithnich mi do ghuth sa bhad,
bha thus' air fàs ro bhodhar airson mo chluinntinn
is chuir thu sìos am fòn.

'S e rabhadh do bhàis a bha ann
a bhith bruidhinn riut gun aithne,
is shnàig mi tron latha is tron t-seachdain
le cho suarach 's a phàigh mi do choibhneas
is rudan eile air tighinn fo m' aire.

Thill mi an uair sin
agus chuir mi mo leanabh nad bhoisean,
agus tillidh mi fhathast dhan bhad
far 'n robh thu nad rìgh,
far am faca mi an toiseach san tràigh thu,
na caoraich a' snàmh dhad ionnsaigh thar na fadhla.
Chì mi an sabhal le do phocannan clòimh,
do chorrain airson na feamad, na deamhaisean nan àite;
chì mi an staran a chuir thu sìos sa bhoglaich,
do shnaimeannan mu na geataichean,
an teaghlach sa chidsin;

Ach chan fhaic mi a' tighinn mun taigh thu,
le do bhata 's an cù na ruith romhad,
chan fhaic mi, tòn an àird, san leas thu,
corragan stobach a' criathradh na h-ùire,
cha dùisg thu an glasadh an latha mi
ach am falbh sinn mus tionndaidh an làn.

4

Mac

15:07:1912 – 29:12:1997

There was the time you got me on the phone
and though I recognised your voice at once
you had grown too deaf to hear me
and you put the receiver down.

It was a premonition of your death
to be speaking to you without your knowing,
and I crawled through that day and that week
guilty I had made light of your kindness
with my mind now on other things ...

I did go back
and I placed my baby in your hands,
and I'll still go back
to the place where you were king,
where I first saw you on the shore
with the sheep swimming towards you across the fords;
I'll see the barn with your woolsacks,
your sickles for the seaweed and the shears in their place,
I'll see the stepping stones you laid in the bog,
your knots round the gates,
your family in the kitchen;

But I won't see you coming round the house,
with your stick and the dog before you,
I won't see you bottom up among the vegetables,
stubby fingers sifting the soil;
you won't come at dawn to wake me
so we can leave before the turn of the tide.

Cha robh an teachdaireachd a dh'innis mu do bhàs
idir cho searbh ris a' bhrath a chuir thu fhèin thugam,
agus ma nì mi caoineadh
chan ann airson na dòigh-beatha a tha air falbh leat,
chan ann airson nam bliadhnachan a chuir mi cùl riut,
ach airson fear a rinn strì
gus mo shaoghal a thuigsinn,
gam cheasnachadh mar cho-aoiseach,
agus a rùisg a shaoghal-san riumsa,
gach seòl de làimh is de chridhe.

The call that came telling of your death
was not as bitter as that call you made yourself,
and if I cry
it is not for the way of life that passes with you,
not for the years that I neglected you,
but for a man who aimed to understand me,
questioning me like a contemporary,
and who showed me in turn his world,
the workings of his hands and his heart.

Cùl-Chainnt

le taing do Iain Dòmhnallach

Chante gu robh thu sanntach
oir cha sguireadh tu den fheamainn gus ithe,
is gum biodh tu a' toirt grèim às do mhìr is ga thilgeil
air thoiseach ort air bad gun ghearradh
far am biodh tu a' sracadh grèim eile às
is ga thilgeil a-rithist.

Ach 's iomadh uair a fhuair mi còig nota bhuat
nuair a dhèanadh e diofar.

Gossip
with thanks to Ian MacDonald

They said that you were mean
as you wouldn't stop cutting the seaweed to eat,
but you'd take a bite of your piece and throw
the rest ahead on the uncut wrack
where you'd tear off another bite
and throw it again.

But many is the time you gave me a five pound note
when it really made a difference.

Ealaghol: Dà Shealladh

Choimhead mi an t-seann chairt-phuist,
na taighean mar fhàs às an talamh,
na h-aonaichean nam baidealan os an cionn,
nan comharra air mòrachd Dhè,
mus d' rinneadh goireas de bheanntan,
no sgaradh eadar obair is fois,
eadar an naomh is an saoghalta ...
is shìn mi chun a' bhodaich i.

"Eil sin cur cianalas ort, a Lachaidh?"
dh'fhaighnich mi, is e na thost ga sgrùdadh.
"Hoi, òinseach, chan eil idir!
's e cuimhne gun aithne a bh' agam oirrese,"
is stiùir e ri bò bha faisg oirnn san deilbh,
"Siud an Leadaidh Bhuidhe, an dàrna laogh aig an Leadaidh
    Bhig –
dh'aithnichinn, fhios agad, bò sam bith
a bhuineadh dhan àite sa rim bheò."

Elgol: Two Views

I looked at the old post-card,
the houses like a growth from the soil,
the peaks towering above them,
a sign of the majesty of God,
before an amenity was made of mountains,
or a divide between work and play,
between the sacred and the secular ...
and I passed the picture to the old man.

"Does it make you sad, Lachie?" I asked
as he scrutinised it in silence.
"Sad? Bah! Not at all!
I just couldn't place her for a moment,"
and he pointed to a cow in the foreground.
"That's Yellow Lady, Red Lady's second calf –
I'd know any cow, you see,
that belonged here in my lifetime."

Eileanach Òg a' Dannsadh

Tha cuimhne agam an-uiridh 's mi a' dannsadh
gun tug mi sùil thar mo ghuailne
is thug e gàire orm leis mar a bha e strì
le cnapach de nighinn na làmhan,
is e ga stiùireadh le spàirn
mar gu robh e a' dràibheadh tractar.

Ach bheir an t-atharrachadh a-nochd orm clisgeadh
le iargain airson àite nach tug mi a-mach riamh,
is a chuid neoichiontachd a' losgadh le teas
a leaghas feòil, miann is faram a' chiùil còmhla,
is e fhèin is nighean a' tulgadh le chèile
gun fhor air duine mar lasair san dorchadas.

Young Islander Dancing

I remember glimpsing him last year
over my shoulder as I danced,
and how I laughed to see him toiling
with a big lassie in his hold,
steering her with effort
as if driving a tractor.

But the transformation tonight startles me
with an ache for a place I've never been to,
his innocence burning with a heat
that fuses flesh, joy and the music's beat,
where he and a girl sway together,
oblivious to all, like a flame in the dark.

Consairt

Chan ann mar seo a bha e an taigh Phàdraig
ged a b' e an aon òran
a chuireadh an cèill ann an èiginn
agus a chuireadh ris aig daoine eile,
a sheinneadh leis an fheadhainn a thaisg e,
agus a-rithist leis an fheadhainn a thug seachad e ...

Cha bu mhotha sa chidsin an Conamara
is tè ruadh a' seinn, a h-aghaidh ris a' bhalla,
gun bhòidhchead ga rùsgadh aic'
ach bòidhchead an òrain,
gun mholadh ga shireadh aic'
ach moladh a cuid dhaoine.

Tha an nighean seo a-nochd
air an àrd-ùrlar na sìoda
a' gabhail sealbh air an òran
le a gàire coimheach,
's den luchd-èisteachd
nì i luchd-ceannachd gun tuigse.

Gaelic Concert

It wasn't like this in Peter's house
though it was the same song
that had been uttered in anguish
and added to by others,
had been sung by the ones who treasured it
and sung again by the ones who passed it on ...

Nor in the kitchen in Conamara
with the red-headed girl who sang facing the wall,
no beauty revealed
but the beauty of the song,
no praise sought
but praise for her people.

This girl tonight
in her silk up on stage
claims the song as her own
with her self-consciousness smile,
and of the audience
makes gawping consumers.

Dannsair-Ceum

Choimhead mi an dannsair-ceum –
bròg an troma air casan rubair,
ceann beag air a thilgeil air ais,
gruaidhean air an rudhadh,
bilean fosgailt'

Is dannsa nas sine buileach aig na cìochan ...

Agus choimhead mi an duine rim thaobh,
ceann crom,
sùilean dùinte,
's e ag èisteachd.

Step Dancer

I watched the dancer –
heavy shoes on rubber legs,
small head thrown back,
cheeks flushed,
lips parted,

Breasts dancing a still older dance ...

And I looked at the man beside me,
eyes closed,
head bowed,
listening.

Coigreach

Cha robh cus aig muinntir a' bhaile ma deidhinn
agus 's e faochadh a bh' ann nuair a dh'fhalbh i,
ach tha na h-eòin 's na cait ma doras,
gu h-acrach a' sireadh a làmh sheang gheal.

Toileachas
le taing do Niall

'S tric a chunnaic mi iad a' tighinn ri chèile,
dithis seann eòlach, dithis chroitearan,
is às dèidh dhaibh an latha a bheannachadh
seasaidh iad còmhla gun fhacal tuilleadh,
taobh ri taobh, chan ann aghaidh ri aghaidh,
is iad a' coimhead a-mach air an talamh
a chumas na fhilltean an uile chuimhne,
a' tarraing anail is cùbhraidheachd
tombaca, fuaradh is spùt nan uan,
's an t-eòlas ac' gun cuireadh cainnt
bacadh air a' chomanachadh òrbhuidh ud,
gum briseadh i a-staigh air am mothachadh
air na th' ann de dhualchas eatarra.

Commissioned by the BBC for National Poetry Day 2002

Incomer

She wasn't much liked in the village
and people were pleased when she left,
but the birds and cats are round her door,
hungrily seeking her slender white hand.

Happiness
with thanks to Neil

Often have I seen them come together,
two old friends, two crofters,
who after a brief murmured greeting
will stand wordlessly together,
side by side, not facing each other,
and look out on the land whose
ways and memories unite them,
breathe in the air, and the scent of
tobacco and damp and lamb scour,
in the certain knowledge that talk
would hamper that expansive communion,
break in on their golden awareness
of all there is between them.

Seann Seòladair

Fad cola-deug dh'ionnsaich iad snàmh
san anart gheal còmhla,
is ged a b' esan a chaidh a ghairm gu muir
b' ise a chaidh a bhàthadh –
aig an taigh 's i a' snàmh san abhainn.

Is trì fichead bliadhna na dhèidh
tha a ghruaidhean fliuch
is am botal falamh,
's e fhathast a' dol fodha
ann an call a cuirp òig.

Aig Èirigh na Grèine

Chan e dìreach dathan na grèine 's i ag èirigh
no ceilearadh nan eun
a lìonas an cridhe le ciùineas gun chasgadh,

Ach gu bheilear mar aon leotha,
gu bheil na sùilean a chì,
na cluasan a chluinneas,
den aon mhàthair-adhbhair,
fo stiùireadh na h-aon rèim,

Agus mus tòisich gleadhraich an latha
thèid ar breith às ùr,
air ar baisteadh mar phàirt den mhìorbhail.

Old Sailor

For a fortnight they learnt to swim
the white sheets together,
and though it was he who was called to sea
it was she who drowned –
at home, swimming in the river.

And sixty years on,
he sits with glistening cheeks
and empty bottle,
still slowly sinking
in the loss of that young body.

At Sunrise

It isn't just the colours of the rising sun
or the singing of the birds
that flood the heart with unstoppable calm,

But that we are a part of them –
the eyes that see,
the ears that hear,
are of the same elements,
observe the same rules,

And before the clamour of the day
we are born anew,
baptised as part of the miracle.

Cànain

Bha am beòil mar chlagan fhlùraichean,
tais, domhainn, fàilteachail,
is bha an cainnt na cùbhraidheachd
a dh'fhalbh air a' ghaoith
nuair a bha an samhradh aca seachad
is a shearg iad dhan ùir.

Bidh beòil eile ann,
cuimir, gleansach, guanach,
am bilean den aon chorcarachd
ris an fheadhainn a dh'aom,
is seach gu bheil maitheas san talamh
carson a bhiodh am boltrach staoin?

Language

Their mouths were like the bells of flowers,
moist, deep, welcoming,
and their talk was a fragrance
which disappeared on the breeze
when their summer was over
and they crumpled into dust.

Other mouths will come,
shapely, shining, winsome,
their lips of the same crimson
as the ones that are gone,
and as there is goodness in the soil,
why doubt their sweetness?

Duine a' Snàmh

Leum e dhan mhuir
ann an teas an latha,
a bheatha air a cuingleachadh
le sgaradh-pòsaidh,
cion cothrom air a nighinn –
gamhlas a leanadh air
bho bhliadhna gu bliadhna ...

Ach siud e a' snàmh a-muigh sa bhàgh,
na h-uisgeachan a' cuairteachadh
a leasraidh fada dìomhain,
a' ghrian a' dòrtadh air a sgall geal,
air na tonnan mun cuairt air,
air na beanntan ga iadhadh,

Mar an gràs
a dh'fhàg toilichte a bhith beò e.

Man Swimming

He jumped in the sea
in the heat of the day,
his life set about
by divorce and
lack of access to his daughter –
bitterness that continued
from year to year ...

But there he was out in the bay,
the waters rushing
round his loins long idle,
the sun pouring down on his bald head,
on the waves about him,
on the hills beyond,

As the grace
that made him glad to be living.

Duine ag Èisteachd

Choimhead mi am fear òg
gu geur aig an rèidio
's e ag aithneachadh pìobaire
seach pìobaire eile
far nach cuala mi fhìn
ach an aon sgal cruaidh;

Is ged a chaill mi beartas a' chiùil sin,
cha do chaill mi beartas eile:
duine ann an uaimh an òir –
na Chousteau fo na tuinn,
duine a' gabhail iongnadh
ro sheòltachd a' chruthachaidh.

Man Listening

I watched the young man
crouched at the radio,
knowing different pipers
by their playing,
while I heard only
the same shrill blast;

And though I missed that richness,
I saw another:
a man in the cave of gold,
a Cousteau under the waves,
a man enthralled
by the complexity of creation.

Naomh

le taing do Tim Robinson

Sheall an duine Tobar Chaluim Chille
dhan eòlaiche shìos air a' chladach,
is dh'fhaighnich e gu dè,
na bharail-san, am ball-acfhainn
a bha an Naomh air a chleachdadh
gus a chladhach cho domhainn is cho rèidh
san aol-chloich chruaidh.

Mhìnich an t-eòlaiche
mar a b' e dòirneag bu choireach,
a bha glacte san t-sloc iomadh bliadhna,
is mar a shnaidheadh i an toll
le gach làn-mara
's i a' bleith na creige
ann an sluaisreadh an t-sàil.

Cha bu dad nas lugha
urram an duine dhan Naomh
oir bha fianais aige a-nis
air fhoighidinn is air ro-fhios,
is air meud a chuid tròcair
leis an do cheannsaich e an cuan
gus uisge-leighis a ghleidheadh dha threud.

Saint
with thanks to Tim Robinson

The man showed the geologist
St Columba's Well on the shore,
and asked him his opinion
of the sort of tool
the saint might have used
to have bored the hole
so deep and smooth.

The geologist explained
it was made by a pebble
trapped in a hollow through the ages;
how it had rounded the basin
at every high-water,
grinding the rock down
in the swirling brine.

No less then the devotion
of the man to the saint,
for now he had evidence
of his patience and prescience,
and of the magnitude of his mercy
by which he had constrained the ocean
to safeguard healing-water for his flock.

Ìobairt

Mu dheas tha an t-earrach tostach,
gun sprèidh air an raoin,
gun mhèilich chaorach
no freagairt uan,
gun chrodh is laoigh ruadha
a' breacadh nan slios,
ach an casan spàgach loisgte
gan stiùireadh ri nèamh,
am brùthan cruinn torrach
a' brùchdadh san teas,
am beathannan neoichiontach
ag èirigh mar tùis.

Sacrifice

The southern spring is dumb
without stock in the fields,
without the bleating of ewes
and answering lambs,
without cows and their calves
giving colour to the hills,
but their charred splayed legs
thrust to the skies,
their full wombs
bursting in the heat,
their innocent lives
going up in smoke.

Mar Ròpa de Ghainmhich
le taing do Niall

Aon oidhche thàinig bualadh dhan doras
is grunn nàbaidhean a-staigh.
Nochd boireannach le pasgan na h-uchd.
Stad an còmhradh is i a' sgrùdadh na cuideachd.
"You're the faither. Ye can rear him."

Shàth i a h-eallach an uchd òigfhir
's thionndaidh i. Choimhead iad oirre
a' greasad sìos an lota dhan chladach.
Bha fireannaich ga feitheamh le geòla,
is bàta-iasgaich coimheach air acair sa bhàgh.

Chanadh iad Dodaidh ris.
Rinn a sheanmhair peata dheth
is piuthar-athar is athair nach do phòs a-riamh.
Nuair a dh'fhàs e mòr bha e ainmeil airson a neirt
ach ghuil e mar phàist' nuair a fhuair a charaid bàs.

Dh'fhalbh iad uile is na bhuineadh dhaibh.
Dh'fhalbh an sgadan; tha an taigh-cèilidh na thobhta.
Chan eil fios dè na dualan de ghràdh 's de chràdh
– nis ma sgaoil mar ròpa de ghainmhich –
a cheangail rin càradh iad gun abhsadh.

Like a Rope of Sand
with thanks to Neil

One night a rapping came to the door
while the neighbours were gathered.
A woman stepped in, a bundle at her chest.
The talk stopped as she scoured the faces.
"You're the faither. Ye can rear him."

She thrust her burden at a young man
and was gone. They watched her
stride down the croft to the shore
where men were waiting with a dinghy.
A strange fishing boat lay at anchor in the bay.

They called the boy Dody,
the darling of his grandmother,
of his aunt and father. They never married.
And when he grew up he was famous for his strength,
but cried like a child when his friend was killed.

They are all gone, and those who belonged to them.
The herring are gone, the cèilidh-house a ruin.
No-one remembers what strands of pain and passion
 – unravelled now like a rope of sand –
bound them without slack to their history.

Gille-an-Asail

le taing do Niall

Bhiodh deise mholach dhonn air an-còmhnaidh.
Choimheadadh a' chlann na mialan
ag èaladh nan gleans tron ghaoiseid.
Bu bheag an t-iongnadh gu robh iad air
is leabaidh a' ghille ri taobh an asail.

Chunnacas a' tilleadh sa ghig iad
an latha a fhuaradh an gille,
gig a bha na chùis-fharmaid aig na h-uile.
Chuir iad an gille dhan stàball –
bha àite dha fhèin aig a' ghig.

San sgoil thilg nighean bheag
pìos arain dhan abhainn.
A-steach leis a' ghille na thòir
is tuilleadh a' sìor thuiteam a-nuas air:
bha geama ùr aig a' chloinn.

Cha robh gille-an-asail nis cho tana
(bruidhnidh clann, tuigidh màthraichean),
ach na b' fheàrr buileach, bha cliù aige sa chuideachd
oir bheireadh e gàire air na h-igheanan
a bhith a' faicinn gille a bha air dhol na bhèist.

The Donkey Boy
with thanks to Neil

He always wore a rough brown suit.
The children would watch the lice
glinting beneath the coarse hair.
Small wonder he was infested
with his cot beside the donkey.

They were seen returning in the gig
the day they got the boy,
a gig that was the envy of all.
They put the boy in the stable;
the gig had a place of its own.

At playtime a little girl
chucked her piece in the river.
The boy dived in after it
and more kept showering down –
the children had found a new game.

The Donkey Boy was no longer so thin
(children talk, mothers listen) –
but better still, he was famous now,
for it made the girls laugh
to see the boy who'd become a beast.

Ceòl san Eaglais

'S toil leam an coitheanal a fhreagras gu greannach,
dòchas a' dìosgail tro bheathannan doirbhe,
's toil leam còisirean ghuthannan geala,
solas a' lìonadh àiteachan dorcha;

Ach is annsa leam an coithional nach seinn ach meadhanach –
an seinneadair nach buail air na puingean àrda,
an tè a cheileireas os cionn nan uile,
an t-òrganaiche a thòisicheas air rann a bharrachd;

Oir 's ann an sin a thèid an gaol a dhùbhlanachadh,
eadar àilleasachd is dìomhanas is breòiteachd dhaonna,
's ann an sin ge b' oil leam a nochdas am beannachadh –
am fios nach eil lorg air ceòl nas binne.

Struidhealachd

Nuair a bhios mi air leabaidh a' bhàis,
b' fheàrr leam gun rachadh agam air a ràdh
gun do chosg a' bheatha gu h-ait mi
na gun do chaomhain mi fhìn a' bheatha.

Music in Church

I like a growling congregation,
hope creaking through difficult lives;
I like choirs of bright voices,
light filling dark places;

But best I like indifferent singing,
the soloist who gets the high notes flat,
the warbler who makes herself heard over all,
the organist who embarks on an extra verse;

For here is the greater challenge to love,
amid fastidiousness, vanity, human failing;
here, in spite of me appears the greater blessing,
on finding love sweeter than any singing.

Wantonness

When I lie on the brink of death,
I would sooner be able to say
that life had gaily spent me
than that I had scrimped on life.

Trìtheannan

Trì rudan air an leth-fhaicinn:
fàinne gorm mu shùil bodaich,
deàlradh na grèine tro thonn àrd,
bogha-frois ri solas na gealaich.

Trì rudan air an leth-chluinntinn:
duine a' crònan ri a phìob,
plaosgadh a' bhealaidh san Iuchar,
dòbhran a' dol fodha.

Trì rudan air an leth-fhaireachdainn:
bainne air anail laoigh,
an samhradh an leann flùir dromanaich,
sionnach sa choille.

Triads

Three things half-seen:
the blue rim round an old man's eye,
the sun glimpsed through a towering wave,
a rainbow by moonlight.

Three things half-heard:
a man humming to his pipes,
broom pods cracking in the heat,
an otter diving.

Three things half-smelled:
milk on a calf's breath,
the summer in elderflower beer,
a fox in the woods.

EARRANN II

Tìm, an Aonaranachd agus an Gaol

PART II

Time, Loneliness and Love

Crìonag Bhuidhe

Brag ris an uinneig
is togaidh mi às an fheur
dà òirlich de dh'eun
is òirleach eile de dh'earball,
snàthad de ghob,
brù air dath na sòbhraig,
cridhe ga riasladh ri m' fhear-sa mall.

Càirichidh mi mo bhilean air a cheann,
sròl ri clòimh,
stuth a laigh sa ghrèin òig,
an duslach na talmhainn,
an uisgeachan nam marannan,
a sheòlas a-steach air ospaig rèil dhuibh
an aiseid iùinibhears air taobh thall na tìme ...

Ach a-nochd tha a' bheatha a' brùthadh nad fhèithean
is èiridh tu bhom bhois ann an sgiathalaich uaine.

Willow Warbler

A thud on the window
and I lift from the grass
two inches of bird
and another of tail,
with primrose belly,
needle beak,
heart tearing against my own.

I lay my lips on its head,
satin on down,
stuff that lay in the young sun,
in the dust of the earth,
in the waters of the seas,
will sail in on a black star's gasp
in travail for a universe on the other side of time ...

But tonight life presses on through your veins
and you rise from my palm in a flurry of green.

Imrich

Bogsaichean de litrichean,
de leabhraichean is de dhealbhan,
na h-uile a leig mi seachad
de charaidean, de chur-seachadan,
an duslach orra ag àicheadh
m' oidhirp òg ...
is iad a' tilgeil
mo chuid amaideis orm,
mo dhùil gun cuirinn an-diugh
ris na bh' agam an-dè,
gum biodh m' iodhlann a' sìor fhàs ...

'S dòcha gu bheil thus',
mo mhacan beag,
mu thràth nas glic',
's nach bi caochlaideachd an t-saoghail
na h-annas dhut,
thusa a dh'fhiosraich sgoltadh
tràth nad rèis,
ach a shìneas do làmh a-mach
gu measan milis air gach taobh.

Flitting

Boxes full of letters,
of books and photos,
friends and pleasures
I've long let go of,
the dust on them denying
my young effort,
taunting me with the folly
that I've expected
to add today
to what I had the day before,
that my store would grow and grow ...

Perhaps you, my little son,
are already wiser,
and life's U-turns will come
as no shock,
you who early knew
a split in your world
yet keep stretching out a hand
to sweet fruits on every side.

Soraidh Slàn

Tha mi toilichte gum faca mi a-rithist iad
ged bu ghann an seanchas a ghlac mi,
am bodach a' bruidhinn rium na ghuth ìseal,
an t-sean-bhean a' glaodhaich ri càch,
agus os cionn nan uile, gleadhar na cloinne.

Is cha do dh'fhaighnich iad mum shaoghal-sa –
bu leòr dhaibhsan na làithean a dh'fhalbh,
is dhòmhsa cuideachd, na rudan mun cuairt orra
mar sheann eòlaichean
a b' aithne dhomh bho thùs m' òige.

Chunnaic sinn a chèile a' gàireachdainn,
dh'ith sinn còmhla agus dh'òl sinn,
an fheadhainn bheaga cruinn nan uchd,
is sinn a' teannachadh dlùth nar cuairtean uair eile
mus sìn iad a dh'ionnsaigh speuran gun tìm.

Farewell

I'm happy to have seen them again
though I caught very little of their news,
the old man with his growling voice,
the old lady hollering to the others,
and the children's clamour over all.

They didn't ask about my life now –
the past is enough for them
and for me too, the things around them
like old acquaintances
I had known all my life.

We saw each other laugh again,
we ate together and we drank,
the little ones cosy in their laps,
as we came close on our orbits once more
before they stretch away to skies without time.

Teaghlach

Nis, thig iad gam fhaicinn-sa
ach mar a shuidheas mi aig ceann a' bhùird
siridh mo shùil an dithis a dh'fhalbh
a chumadh còmhradh rinn;

Am fairich an fheadhainn òga an seann sunnd
's mi càrnadh a' bhìdh air na truinnsearan,
no am faic iad mo làmh tron smùid
air chrith ann an gaoth na tìme?

Family

Now it is me they come to see
but as I take my seat at the head of the table
my eye seeks out the pair that have gone
who would keep the talk going;

As I heap the food on the plates
do they sense that old cheer
or can they see my hand through the steam
tremble in the draught of time?

Air Tilleadh Dhachaigh

'S fheàrr dùsgadh tron oidhche le casan beaga air a' chluasaig
na cadal gun bhriseadh ann an taigh-òsta uasal,
telebhisean am falach ann am preasa mahoganaidh,
bòrd-sgrìobhaidh san uinneig fo chùirtearan cosgail;
b' fheàrr m' fhuil ùr air na searbhadairean sneachdaidh
is trod nan caileagan ann an taigh-nighe ceòthach
na lainnir nan rumannan a chuireadh an ìre
gur duine eile, an àite eile, aig àm eile thu ...

'S fheàrr mo chaithris a-nochd fo ghealaich air chuthach
's mo bheatha dol seachad gun fhianais, gun fhaochadh,
ceum m' athar a' dìosgail far nach eil e air an staidhre,
na taibhsean gun tuigsinn ag aomadh thar na leapa;
's fheàrr na an sògh, am bas-bhualadh 's an labhairt,
mo shlacaireachd leis gach crois, gach iomcheist is bacadh
is làmhan a' phàiste mum thimcheall nan crios-teasairginn,
gus an gluais an latha gu feum 's gu misneachd mi.

Home Again

Better being woken by little legs on the pillow
than unbroken sleep in a plush hotel,
a television hiding in a mahogany chest,
a bureau in the window under costly curtains;
better my bright blood on their snowy towels
and the scolding of the girls in the steamy laundry
than the gleam of those rooms that would make you believe
you were another person in another age ...

Better my sleeplessness under a raving moon
with my life relentlessly passing by without witness,
my father's step where he is not on the stair,
the uncomprehending ghosts bending over my bed;
better than the luxury, the applause, the talk,
my buffeting by every obstacle, doubt, complexity,
with the child's arms, a life-belt, around me,
till day moves me to usefulness and courage.

Anna a' Falbh

Nuair a smaoinicheas mi ort, Anna,
's tu fàgail an taighe
anns an robh thu an dùil ri fuireach
gu deireadh do latha,
is goirt leam gach rud a dh'atharraich,
gach rud a dh'fheumas tu fhàgail nad dhèidh,
's do bhruadaran mar bhlàth marbh nam uchd.

Ach 's fheàirrde mi coimhead air do chàradh,
's tu togail ort ach am bi thu feumail,
oir chì mi nis gum faod a' bheatha
bhith nas coltaiche ri gàrradh
anns an tig am blàth uair 's a-rithist
na ri staidhre a' sìor dhol an àirde
gu ruige neoni anns an adhar.

Anna Leaving

When I think of you, Anna,
getting ready to leave the house
where you thought to end your days,
I feel sad about everything that's changed,
about everything you must leave behind,
your dreams like withered flowers in my lap.

But I've learnt from your choice
to go where you can be of some help
that life can be more like a garden,
where blossoms come and go,
than like a staircase ever rising,
reaching nothing in the air.

Tròndairnis

An seo chithear an talamh a' tuisleachadh,
   chithear a chìr uaibhreach ga criomadh;
    .chithear slios na beinne a' sleamhnachadh,
      ceum air cheum fad na slighe dhan chladach,
      ceum air cheum dol fo uachdar na mara.

Thig daoine às a h-uile ceàrn
   gus a' charraig chruaidh fhaicinn na ruith,
    gus an saoghal fhaicinn mar staidhre bheò,
      homo sapiens a' nochdadh an aon frèam a-mhàin,
      is coltas air na ceumannan gu bheil iad nan stad.

Trotternish

Here you see the land lurching,
its frilled comb fragile;
you see the slope of the hill slipping,
step on step down to the shore,
step on step below the surface of the sea.

People come the world over
to see the solid rock in flux,
to see the Earth as an escalator,
homo sapiens caught in a single frame
on steps that momentarily seem to stand still.

Bobhla Sìonach

Bha am fear beag na shuidhe nam uchd,
is am bobhla briste a fhuair e sa lobhta
air a' bhòrd romhainn.

Thog mi pìos is choimhead sinn an solas
a' tighinn tro na tuill-ruis sa chrèadh,
is thàinig àilleachd fir òig nam chuimhne
nis gun chràdh no iargain.

Dh'fhàisg mi a-mach dà sheòrsa glaodha
a chuir esan mun cuairt le bioran-maidse,
is chuir sinn am bobhla air a bheul fodha,
an dà leth a' dùnadh gun bheàrn,
is bha a' chruinnead slàn fìnealta.

Nan toirinn an gaol do fhear a-rithist
a bheil fios an seasadh mo shaoghal-sa,
na an rachainn air chall san sgoltadh
eadar mo dhùilean is cion misneachd?

Chinese Bowl

The little boy sat in my lap,
the broken bowl he'd found in the loft
in front of us on the table.

I picked up a piece and we looked at the light
coming through the rice-holes in the clay,
and a young man's beauty came into my mind
now without pain or longing.

I squeezed out two sorts of glue
which he stirred about with a matchstick,
and we placed the bowl face down,
the two halves closing without a gap,
the roundness full and delicate.

Were I to love a man again
how can I know if my world would hold,
or would I once more get lost in the crack
between my expectations and lack of courage?

'S Toil Leam an Taigh Seo

'S toil leam an taigh seo
a ruigeas mi tro mhuir de chuinneag-mhighe,
an càr air a bhualadh
le meapaidean buidhe fliuch de chonasg.

An leanabh na chadal,
siùbhlaidh mi na rumannan,
casan loma air clàran loma,
's mi a' sireadh nan taibhsean
a dh'fhàg an dìleab seo de chiùineas,
aig an nochd an anail san fheur fhada
na flùraichean purpaidh is gorma.

A dh'oidhche laighidh mi nam chaithris
fo thorann an uisge air na sglèatan,
fo thorann boile mo thoileachais
nach fhaic duine,
is sa mhadainn mus dùisg an leanabh
èistidh mi ri stairirich nan gobhlan-gaoithe
is iad trang mun àl fon mhullach.

Èiridh leòmainn bheaga gheala
mu ar casan san drùchd;
gus an till sinn cha chluinn duine
an guilbneach os cionn nam pàircean,
a ghàir a' gluganaich mar fhìon à botal;
chan fhaic duine
na coineanaich mun fhaiche,

I Love This House

I love this house
that I reach through a sea of lady's lace,
the car buffeted
by wet yellow mops of broom.

With the child asleep
I wander from room to room,
bare feet on bare floorboards,
seeking the ghosts
who left this legacy of calm,
whose breath appears in the long grass
as blue and purple flowers.

At night I lie awake
under the thundering rain on the slates,
under the thundering outrage of my happiness
that no-one sees,
and in the morning before the boy awakes
I listen to the scuffling of the swallows
attending their broods below the eaves.

Little white moths flutter
round our legs in the dew;
till we come home, no-one will hear
the curlew above the fields, its call
like wine gurgling from a bottle;
no-one will see
the rabbits on the lawn

is an taigh na sheasamh aig ceann an rathaid,
a chùl ris an iodhlainn far an tionndaidh am posta
's a bheul ris a' ghàrradh fo chomhair na beinne.

of the house that stands at the end of the track,
its back to the yard where the postman turns
and its front to the garden, looking onto the hill.

The Great Gatsby

Chunnaic mi a' falbh thu nad aonar
a-mach dhan dorchadas,
gun do mhànran a-nochd
air tè a ghlacadh,
tè a dhèanadh do thàladh,
do thraoghadh 's do lìonadh a-rithist …
Cha robh duine dhut sa chuideachd
a bha thu fhèin air a thoirt còmhla.

Chuimhnich mi air oidhche eile
is mi fhìn a' teicheadh às an àite,
is cuid dhe na h-aoighean mu na bùird,
cuid eile a' dannsadh nan càraidean,
is choisich mi a-mach dha na sràidean,
mo ghùna a' sgròbadh nan duilleagan,
mo chìochan a' spùtadh bainne
ron aon bheul a bha gam iarraidh …

Bha àm ann a dh'fhosglainn mo chasan dhut
ach am mùchainn sgròbadh na h-aonaranachd,
is ged nach bithinn air falbh leat a-nochd
(is aonaranachd na brèige nas gèire)
nan robh thu air thighinn a bhruidhinn rium
bha thu air d' fhaileas fhaicinn nam shùilean-sa
is cha leigeadh tu leas dhol às àicheadh
dad dhe na chitheadh tu annta.

The Great Gatsby

I saw you leave by yourself,
stepping out into the darkness,
your blandishments having failed
to secure you anyone tonight,
someone who could soothe you,
could drain you and fill you again ...
You had no place in the company
you had brought together yourself.

I remembered another night
when I fled this place unobserved,
leaving the guests round the tables
or dancing slowly in couples,
and I walked out through the streets,
my dress scraping the leaves,
my breasts spurting milk
for the one mouth who wanted me.

Once I would have opened my legs to you,
trying to stifle loneliness's scraping,
and though I wouldn't have tonight –
the loneliness of masquerade being sharper –
if you had come over to speak
you would have seen your reflection in my eyes
and you wouldn't have needed to deny
any of what you'd see there.

Aonaranachd

Ghlacadh e an sgàil na sùilean
is dh'fheuchadh e ri a ruagadh
le buillean a mhiann,
ach nuair a thuiteadh e claoidhte air ais
bhiodh an rud fhathast eatarra
is ise a' coimhead air
làn taing gu robh e ga h-iarraidh-se
ged nach robh i aige gu h-iomlan.

San uaigh a-nis laighidh iad gu dlùth,
am fèin-fhios a dh'altraim iad tron bheatha
air chall ann an guirme nan speuran;
bho àm gu àm bidh càraid a' stad
gus na h-ainmean a leughadh,
an làmhan a' sireadh a chèile
mar gum b' ann san dorchadas,
is iad aonaichte airson tiota
leis an aonaranachd
aig a bheil sinn uile fo gheasaibh.

Loneliness

He used to glimpse the shadow in her eyes
and try to stamp it out
with the strokes of his desire,
but when he fell back
it would still be there between them,
herself looking over, grateful
that he could love her
without knowing her all.

In the grave now they lie close,
that sense of self they nursed though life
lost in the blue of the skies;
from time to time a couple pauses
to read the names,
their hands feeling for each other
as if in the dark,
and they stand, for a moment
united by that loneliness
that holds us all in its thrall.

Ann am Bùth Ciùil an Glaschu

le taing do Niall

Tachraidh iad le chèile fo chomhair an aon Fender.
Alright, pal? How's it goin?
Togaidh an dàrna fear an ionnsramaid far a' bhalla –
plosgaidh an luchd-obrach –
is na uchd salach
càirichidh e an giotàr gleansach ud,
a chlàr dubh-ghorm, a chliathaich màrmorach.
Le ìnean briste buailidh e teud no dhà;
cluinnear fuigheall de dh'fhonn.
Seasaidh am fear eile ga mheas. That's great, man, so it is.
Tha an amp àrd. Ge brith dè na beathannan
cearbach a laigheas air an cùlaibh,
thèid am bàthadh nan iongnadh ron inneal.

Gluaisidh an luchd-reic gu frionasach dhan ionnsaigh.
Sorry, gentlemen, we need to shut up now.
Aw, so soon? You're jokin, man. Air an socair
cuiridh iad an giotàr air ais ('s tric a dh'èirich seo cheana),
beiridh iad air làmhan a chèile. Good to meet you.
Aye, it's been great. See you around.
Agus falbhaidh iad.
Leigidh an luchd-obrach osna. Thig plìon air càch.

Ach ge b' e cùil anns an deach sibh,
bheir mi urram dhur spiorad –
thug e neart dhomh a bhith ri ur farchluais.

In a Glasgow Music Shop
with thanks to Neil

They meet, gawping at the same Fender.
Alright, pal? How's it goin?
One lifts the glittering guitar off its stand –
the staff hold their breath –
takes it in all its sleekness,
red marbling and black scratch-plate,
into his dirty lap,
strikes a few chords with cracked nails,
fumbles a tune.
The other watches. *That's great, man, so it is.*
The amp is high. Whatever chipped lives lie behind them
are swallowed up
in their wonder at this machine.

The salesmen shuffle nervously towards them.
Sorry, gentlemen, we need to shut up now.
Aw, so soon? You're jokin, man.
They take their time (they've had this before),
replace the guitar, shake hands. *Good to meet you.*
Aye, it's been great. See you around.
And they are gone.
The staff look relieved. We customers smirk.

But wherever you went
I marvel at your spirit –
it was a privilege to overhear you.

Bhiodh E Sìmplidh

Bhiodh e sìmplidh
sìneadh a-null thugad
tarsainn air na cupannan is CDs
gus an coinnichinn nad bheul-sa
ri pòg gach fir,
gus an coinnichinn nad chuideam
ri feòil a' chinne-daonna ...

Ach nuair a thilleadh ar bilean gu labhairt
thrèigeadh ar faclan sinn
air sgeirean sgapte,
is iad a' fanaid oirnn
thar a' chuain bhailbh,

Agus bhiodh mo sheann leannan,
an Tost,
a' smèideadh orm tilleadh
gu tìr m' eòlais.

It Would Be Simple

It would be simple
to lean over to you
across the scatter of CDs and coffee mugs
and meet in your mouth
the kiss of all men,
and in your weight
the flesh of humanity ...

But when our lips returned to speech
we'd find ourselves stranded
on scattered reefs,
our poor words mocking us
across a wordless ocean.

And my old lover,
Silence,
beckoning me to return
to familiar shores.

Ban-Mhuslamach
le spèis do Leila Aboulela

B' fheàrr dhi bhith gun chèile
na cèile nach robh na Mhuslamach;
b' fheàrr dhi a leannan a thrèigsinn
na a h-àite ann an taisbeanadh
dealbhadh Allah;
b' fheàrr craos na h-aonaranachd
na bilean neo-dhiadhach ga pògadh,
ged a bha iad còir is carthannach ...

'S ann fo ghlainne-mheudachaidh Erois
a choimhead mi orm fhìn,
is mo chearban cho mòr
's nach iomchaidh mi mar ìobairt;
ach nan robh an tuigse aicese agam
air cùrs sòlaimte an domhain,
bu shuarach ar cuid fàilligidh
an coimeas ri coileanadh ar càil.

Muslim Woman

with thanks to Leila Aboulela

Better for her to have no husband
than one that was not Muslim;
better for her to give up her sweetheart
than her place in the unfolding
of Allah's design;
better a kiss from loneliness's- maw
than a kiss from agnostic lips
though they were just and tender ...

It is under Eros' magnifying-glass
that I have examined myself,
and found myself so wanting
as to render me an imperfect offering;
but if I had her understanding
of the solemn course of things,
our failings would seem mere trifles
compared to the fulfilment of our kind.

Leòmhann

Choimhead sinn a chèile tron chèids,
tro na h-aon sùilean staoine,
an leòmhann na sìneadh le h-àl
is spreigeadh na ruaige a dhìth oirre,
is mise aig an t-sutha lem chuilean-sa,
is feasgar glas ri lìonadh,
an leòmhann cho fada bho ghrian Afraga
's a bha mise bho spreigeadh na toile.

Lioness

We looked at each other through the bars,
through the same empty eyes,
the lioness listless by her brood,
lacking the incitement of the hunt,
and me at the zoo with my cub
with a grey afternoon to fill,
the lion as far from the African sun
as I was from the incitement of desire.

Uilebheist

Sìos is suas leis a' chàr gach madainn
a' leantail a' chosta,
agus air ais leis san fheasgar,
le bagaichean sgoile is bagaichean bùtha,
bagaichean snàimh is goileam na cloinne,
agus ri taobh an rathaid na flùraichean
a' tighinn 's a' falbh nan ràithe,
is ri taobh nan uile
deàrrsadh a' chuain,
is uilebheist leònte mo mhiann ann.

Dh'fhàs mi liath tro bheatha de dh'ionndrainn –
bha iomadh ainm air a' bhèist,
ach b' fheàrr leam a-nis gum falbhadh an làn
le a corp trom,
is nach fhaicinn a fuil san tiùrr tuilleadh,

Ach an tigeadh a' bheatha is m' oidhirp còmhla,
an ùir fom chois is deàrrsadh air fàire,
mar chrèadh nam bhroinn, salann air mo bhilean,
cuideigin a bhruidhneadh rium sa chàr,
a chuidicheadh leis na bagaichean a thoirt a-staigh.

Monster

Up and down goes the car each morning
following the coastline,
and back again in the evening,
with school bags and shopping bags,
swimming bags and chattering children;
and beside the road the flowers bloom,
coming and going in their season,
and beside it all the ocean gleams,
holding the monster of my wounded desire.

I've grown grey through a life of longing –
the beast has had many names –
but I wish the tide would sweep away
its heavy body
and blood caked in the sea-ware,

So life and effort might come together,
earth underfoot and gleaming horizon,
as clay in my womb, salt on my lips,
someone to speak with in the car,
someone to help with bringing the bags in.

Mar a Thuirt Cailleach Bhéarra

Tha mi sgìth a bhith nam aonar.
Tha m' aodann sgròbte leis an spàirn
a bhith cleith mo shàrachaidh air càch,
is mi gabhail an rathaid gu tana bochd,
mo shunnd tearc
gun fhaicinn aig duine.

Nam latha, nach robh mi gaolach?
Nach do chuir na ceudan sùil annam?
An e dìreach an dàn
a dh'fhàg nam chulaidh-thruais mi,
no an e gu robh m' anam riamh
a' suirghe air an aonaranachd?

So Spoke the Old Woman of Beare

I'm tired of being alone.
My face is ravaged with the effort
of hiding my suffering.
I walk the road tattered and scrawny,
my rare ecstasies
unseen by another.

In my day was I not lovable?
Did hundreds not desire me?
Is it fate
that has left me an object of pity,
or has my soul
not always courted solitude?

Tidsear

Chan urrainn dhomh coimhead
na tè nad uchd,
an dèidh dhòmhsa do threòrachadh
làmh ri làimh
mu iomadh ceist dhoirbh,
an dèidh dhòmhsa do chur
a' cuibhleadh tron danns'.

A-nochd is tu nad fhèileadh 's nad òige
b' fheàrr leam gum b' e mis'
a bha thu gu dlùth a' stiùireadh,
's mi, gun teacs nam uchd,
air m' fhàgail gu grad
mì-chinnteach
às na ceumannan.

Teacher

I cannot look
at the young woman in your arms,
having led you myself
hand in hand
round many a problem,
having myself sent you
spinning through the dance.

Tonight, with your kilt and your youth,
I wish it were me
you were closely guiding,
for with no text in my arms
I am left suddenly
uncertain
of the steps.

Pòg

Ar ciad phòg na pòig-dhealachaidh,
is m' inntinn ga luasgadh fad an fheasgair
le blàths do bhilean,
mo chridhe ga lìonadh uair eile
le iargain gun fheum, is eadarainn
an Cuan Sgìth is fichead bliadhna,
is mi a' strì ri m' ùidh a tharraing
gu sgioblachadh nan dèideag,
a' strì ri m' ùidh ortsa
thionndadh gu ùidh màthar.

Gun Lasadh Ceud Uinneag

Thuirt thu gun lasadh ceud uinneag
ceud bliadhna air ais na do bhaile
far nach eil a-nochd ach tè do mhàthar
a' deàrrsadh thar na mòintich briste.

Aithnichidh mi an aon aognaidheachd
san fhàsalachd annam fhìn
gun aiteal tighinn bhuats'
a dh'innseas dhomh gu bheil thu ann
ged a chroch mi mo lampa an àirde
is gu bheil solas a' dòrtadh mun stairsnich.

Kiss

Our first kiss a kiss of parting
and all evening my mind rocked
by the warmth of your lips,
my heart again swollen
by a useless longing, the Minch
and twenty years between us ...
as I strive to turn my mind
to tidying up the toys,
strive to turn my desire
into the concern of a mother.

A Hundred Windows Shone

You said a hundred windows shone
a hundred years back in your township
where tonight only your mother's
sends its light over the broken moor.

I know that same desolation
in the emptiness in myself
with no glimmer from you
to tell me where you are
though I have hung up my lamp
and light floods the threshold.

Soirbheas

Tha an leanabh na sheasamh air an tràigh
's e a' coimhead bàta-siùil a' gabhail a-mach,
grèim aig' air a' bhàta bheag na uchd
mar gum b' ann air a' mhiann
gum bi esan aon latha ri marcachd chuantan
air long fo uidheim, e fhèin na chaiptean ...

Ach 's e a' bhòidhchead a' cur cùl rium
a tha mis' a' faicinn,
is cuairt-shlugain nam uchd
de chràdh 's de dh'iargain
anns am bàthainn na bliadhnachan
a dh'fhàg air an sgeir seo mi ...

Gus an leig an gaol anail
a-null thar nan sruth, 's e
a' lìonadh 's a' crathadh nan seòl,
agus is ionann
a shaorsa 's m' aoibhneas
san t-soirbheas ud làn ùrnaigh.

Fair Wind

The child stands on the shore
watching the sailing boat putting out,
a grip on the toy boat in his breast
as if on the desire
that he one day will ride the waves
on a fully-rigged ship, himself the captain ...

But I watch beauty
turn its back on me,
and in my tight chest
pain and longing make a whirlpool
in which I'd drown the years
that have left me stranded ...

Until love breathes out
across the tide-race,
fills and cracks the sails,
and its freedom becomes
my joy
in that prayerful fair wind.

Tàmailt

Leum mi thar nam bealaichean,
ruith mi leis na leathadan,
leig mi seachad Little Chefs
is caistealan ar n-eachdraidh
ach an òlainn uair eile
aig an tobar mhilis ud ...

"Tha mi car sgìth," ars' thusa,
"Dè mun ath-oidhche?"
Is siud mis' a-muigh san dorchadas,
nam chòta geal,
leth-bhotal gun sàradh nam uchd.

An aon leisgeul ris an gabhainn,
's e gu robh tè eile a-staigh agad,
sìnte an solas an teine ...

Mur b' e sin,
gun neartaicheadh Dia –
cha mhì –
na th' agad de chridhe.

Insult

I rose up hills
and plunged down dales,
ignored Little Chefs
and castles of our history,
to drink once more
at that sweet well ...

"I'm rather tired," you said,
"What about tomorrow?"
And I was out again in the dark
in my white coat
and full half-bottle.

The only excuse I'll accept
is you had another woman
stretched out in the firelight ...

If it wasn't that
then may God –
not me –
fortify your feeble heart.

Mo Lèireadh an Dithis Seo

Mo lèireadh an dithis seo fhaicinn còmhla,
dithis air an robh mi riamh measail,
is dhan dùraiginn mu seach gach beannachd;
mo lèireadh an làmhan-san fhaicinn snìomhte
far nach laigheadh mo làmhan-sa ach ann an aisling,
is an sùilean làn de dh'fhaileasan càch-a-chèile;
is mo sheachd lèireadh gu bheil an cuid sonais
na chùis-mhaslaidh
dhan tè a shaoil gu robh i na caraid dhaibh.

Hard to See these Two

It is hard to see these two together,
these two I've loved to love so long
and fondly wished for each the best;
hard to see their hands entwined
where mine only lay in dreams,
their reflections filling each other's eyes;
and harder yet to admit their joy
has quite undone
the one who proudly thought to love them.

Nach Bi Thu Cho Math?

Nach bi thu cho math
's gun dèan thu rudeigin nach iomchaidh,
seach gu robh mise cho math
's nach do laigh mo shùil
mionaid na b' fhaide air d' aodann-sa
na air ceann gleansach eile?

Tionndaidh thugam aon uair eile,
na falbh le leisgeulan beulchair;
na rach às àicheadh an dearbh rud
a dh'innis mi dhut;
na sleamhnaich bhuam
sìos trannsaichean an fhaoinsgeil.

Bu bhlàth thu nam mhac-meanmna
ach mas fhuar a tha thu san fheòil
nach fheum mi aideachadh gur òinseach mi
a thàinig beò air aisling bhaoth?
Ged nach do dh'èirich is nach èirich càil às
na can rium nach robh càil riamh ann.

Won't You Do Me the Favour?

Won't you do me the favour
of saying something improper,
since I have been so good
as not to let my eyes linger
a moment longer on your face
than on any other shining head?

Turn to me one more time,
don't leave with plausible excuses;
don't deny all knowledge
of the very thing I told you;
don't slide away from me
down the corridors of fantasy.

In my imagination you were tender
but if in reality you are cold
must I not own I was a fool
for living off a dream?
Though nothing happened and never will,
don't tell me nothing ever was.

Chan Aidich ar Sùilean

Chan aidich ar sùilean càil
is tu pòsta le triùir de theaghlach,
is mise gun phòsadh –
nam phristeal geur cunnartach
a ghearradh air ais dhan fhiodh ùr ...

Ach cha chreid mi gun dìochuimhnicheadh tu
mar a bha sinn suainte còmhla
's tu ag innse dhomh gur mis' a' chiad tè,
no gun dèanadh tu dìmeas air mo mhoit
nuair a fhreagair mi, "Tha fios 'am."

Our Eyes Admit Nothing

Our eyes admit nothing –
you married with three of a family
and myself unmarried –
a dangerous shard
that could hack back to the green wood ...

But I don't believe you've forgotten
how our limbs lay entwined
when you told me that I was the first,
or that you'd disparage the pride
with which I answered, "I know."

Neonitheachd

Glacaidh mi nis nam ghàirdeanan
an dearbh leòn annadsa
a dh'fhalaich mi annam fhìn,
gun dùil agam ri bhith ga leigheas
annadsa no annamsa, ach ri bhith gabhail ris
mar suaicheantas ar daonnachd,
leòn nach eil cho tàmailteach
's nach urrainn dhuinn ainmeachadh –

Mar an toll ann an slios mac an duine
anns an do chuir Tòmas a làmh,
an neonitheachd as tùs is èis dhuinn,
far a bheil an gaol gun fhiamh,
nach eil air tì a dhìon fhèin
no a sgarachdainn bho chàch,
an neonitheachd anns an lorgar
an iochd ris an can cuid Dia.

Void

The very wound I used to hide
I now hold in you,
not in order to heal it
in either you or me,
but in acceptance of its being
a sign of our humanity,
a wound not so shameful
that we cannot name it –

As the hole in the side of man
in which Thomas placed his hand,
the emptiness that is
our beginning and our end,
where love stands fearless,
without cause to protect itself,
the void in which we meet
the compassion some call God.

Valentine

Thuirt Somhairle MacGill-Eain
nan rachadh againn uaireigin
air Poblachd a dhèanamh de dh'Alba
gun crùnadh e Eimhir na banrigh oirre;

Agus le rudeigin den aon loidsig,
seo mise a' gèilleadh ris a' mhargaid,
a' gèilleadh ri faoineas,
is mi a' ceannachd càirt Valentine,
ach nach caillinn an cothrom
a bhith a' sgrìobhadh, "Tha mo ghaol ort".

Valentine

Sorley MacLean said
that if ever we managed
to make Scotland a Republic,
he'd install Eimhir as its queen;

And with something of the same logic
here am I succumbing to commerce,
letting convention dictate,
buying a gaudy Valentine,
so as not to pass up the joy
of writing, "I love you."

Corra-Ghritheach

le taing do Shomhairle MacGill-Eain

Gun ghluasad am beul an t-sàile,
tha a' chorra-ghritheach a' feitheamh
ris an iasg a dh'aonaicheadh le a brìgh i
ann am maoim sàthaidh,
a dh'aonaicheadh le stuth an t-saoghail i
le aon slugadh ...

Is mi reòite ri do thaobh
a' feitheamh ach an till do mhiann,
gun chàil agam ri chur an cèill
no beachd agam cò mi,
fo gheasaibh aig an fhairge gun fhaireachdainn,
is aig na beanntan gorma gun dùrd.

Heron
with thanks to Sorley MacLean

Motionless at the edge of the wave,
the heron waits for the fish
that in a flurry of stabbing
will unite it with its essence,
that at one gulp
will unite it with its element ...

So am I frozen at your side,
waiting for your desire to return,
with nothing in me to express
nor sense of who I am,
mesmerised by a sea without feeling
and by blue mountains without words.

Gum Faicte Slàn Mi

Tha mi aonaranach nad leabaidh,
do ghàirdeanan mun cuairt orm
trom leis an deoch.

Bha deagh bhiadh is fìon againn,
fearas-chuideachd is ceòl,
ach mus caidil thu
nach faighnich thu, "Dè do shaoghal?"

'S dòcha nach urrainn dhomh iarraidh
ach air Dia
gum faicte slàn mi,
ach bheirinn gach sògh den oidhche seachad
sin iarraidh ortsa.

To Be Seen Whole

I am lonely in your bed,
the arms encircling me
heavy with drink.

We've had food and wine,
company and music,
but before you sleep
won't you ask me how I am?

Perhaps I can ask
to be seen whole
only of God,
but I would forego the evening's every delight
if I could ask it of you.

Eilthireachd

Nuair a dh'fhàg mi thu
dh'fhairich mi àmhghar an eilthirich
a chuireas cùl ri tìr eòlais
is gach rud mun cuairt orm
air a dhrùidheadh le mo mhiann
gum bithinn uaireigin nam phàirt dhiubh.

Bha an eilthireachd na bu bhuirbe
oir roghnaich mi fhìn i,
gun choin a' bhàillidh a' cur ruaig orm
no lasraichean a' leum air mo chùlaibh.

Mar an t-eilthireach,
bha mi air brath fhaighinn air fonn nas gile –
b' e an dòchas a dh'fhìreanaich an cràdh.

Exile

When I left you
I felt the anguish of the emigrant
turning his back on all he knows,
with everything around me
drenched with my desire
that one day I'd be part of them.

The exile was the sorer
for being self-imposed –
no bailiff's dogs barked at my heels,
no flames leapt behind me.

Like the emigrant,
I had word of a brighter land –
my pain too was justified by hope.

Na Làmhan Sin

Sheas mi air beulaibh a' ghràbhalaidh umha –
Màthair is Mac Marbh –
a' bhodhaig bhriste eadar na sliasaidean
a thilg uaireigin dhan bheatha e;
chunnaic mi aodann sòlaimte na mnà,
a crobh is làmh an oigfhir na ghrèim,
is i an impis a mheòir a leigeil às,
an impis a chorp a thoirt seachad dhan ùir.

Gu grad dh'aithnich mi na làmhan sin
bhon oidhche roimhe,
nuair a leig fear òg lem chorragan-sa
ruith às a ghrèim,
's e a' toirt suas corp
nach b' urrainn dha a chumail,
's e a' fàgail slàn aig ar gaol
fiù 's nuair a thòisich e.

Mo Mhallachd air an t-Siubhal

Mo mhallachd air siubhal an t-saoghail
a thilgeas còmhla fad tiotain sinn,
saor, glòrmhor, brìoghmhor,
is a dh'fhàgas sinn tathaichte ri ar beò
leis na dh'fhaodadh a bhith air tachairt.

Those Hands

I stood before the bronze –
Mother with Dead Son –
saw the limp youth clasped between the thighs
that once had urged him into life,
saw the woman's solemn face,
her mighty hand holding his by the tips,
on the point of letting his fingers go,
on the point of consigning his body to the earth.

The gesture was suddenly familiar
from the night before
when a young man had let my fingers
trickle from his grasp,
yielding up a body
he could not keep,
bidding love farewell
even as it began.

A Curse on Travelling

A curse on travelling the world –
it throws us momentarily together,
free, glorious, essential,
and leaves us leery the rest of our lives,
haunted by what might have been.

Mura B' E

Mura b' e gun do chòrd iad ri chèile
cha robh dad dhe na dh'èirich air tachairt:
cha robh iad air dhol sìos dhan chladach,
's cha robh iad air snàmh cho fada,
cha robh i air a bhith cho taingeil
nuair a thug iad a-mach an tràigh,
no air gèilleadh cho luath ri ghàirdeanan
air a' ghainmhich dheàlraich bhlàith ...

Mura b' e sin, cha bhiodh i air a h-aodach
a dhiochuimhneachadh sa chreig,
's cha bhiodh a h-uaireadair air grunnd na mara
no a briogais air falbh leis an làn,
cha bhiodh aca ri coiseachd tron bhaile
leth-rùisgte fo chomhair nan nàbaidhean
is dreach orra an trusgan càch-a-chèile
a bha mar-aon gòrach is sòlaimte.

If They Hadn't

If they hadn't liked each other
none of the rest would have happened:
they wouldn't have gone down to the shore
and they wouldn't have swum out so rashly,
she wouldn't have been so relieved
when they reached the far side of the bay
nor yielded so quickly to his arms
on the warm sparkling strand ...

She would never have forgotten her things
hidden away in the rocks,
her watch wouldn't be on the sea-bed
nor her trousers swept away on the tide,
they wouldn't have had to walk
half-naked through the township,
appearing to the neighbours
both comical and symbolic.

Thionndaidh Fear Eile Mo Cheann

Thionndaidh fear eile mo cheann
is nuair a choimhead mi air ais ort
bha thu air do ghleans a chall –
agus cò as coireach ach mi fhìn
a bhris an seun eadarainn
le bhith a' coimhead air falbh?

Ach a dh'aindeoin sin
tha rudeigin air a bhuain:
nis tha mi gad fhaicinn fhèin
's mi toirt spèis dhan fhear sin
seach a bhith ri sodal 's air chrith
ro phrionnsa mac-meanmnach.

Mèinnear
le taing do W. J. Baird

Nis, is tu leth-shean, tha thu fosgladh dhomh,
is tha mise, mar mhèinnear bho linn Bhictòria
a' campachadh nam aonar air luimead
nam beann a rannsaich mi cho fada,
gu h-obann a' lorg mo dhuais:

Na ruith tron chlach-ghràin chruaidh,
fèith de leugan cruinn –
topàs, beiril, càrngorm, morion,
òrbhuidhe, lasrach, mealach.

Another Man Turned My Head

Another man turned my head
and when I looked back at you
your magic had gone,
and who is to blame but myself
who broke the spell
by looking away?

But in spite of that
something is gained:
now I see you as you are
and love that man I see,
instead of simpering and quaking
before an imaginary prince.

Miner
with thanks to W. J. Baird

Now in your middle age you're opening to me,
and I, like a miner from Victorian times,
camped out alone on the bleak
hills I've scoured so long,
am suddenly rewarded:

Running through the granite,
a vein of clustered gem-stones –
topaz, beryl, cairngorm, morion,
golden, flaming, honied.

Thàinig Mi an Seo an-Uiridh

Thàinig mi an seo le fear eile an-uiridh.
Aithnichidh an luchd-frithealaidh mi
ged nach leig iad càil orra.

B' esan an t-àth
far an do thill mi a-null thugadsa
's ged a bhithinn fichead bliadhna gad lorg
bhithinn leigte ris gach ceum den rathad.

Tha am fear eile faisg nam chuimhne
ach tha goil nan uisgeachan
air an t-àth a ghearradh gu domhainn.

I Came Here Last Year

I came here last year with another man.
The staff recognise me
though they try to conceal it.
He was the ford
where I crossed back to you,
and even were I twenty years finding you
I'd be reconciled to each step of the way.

The other man is close in my memory
but the roaring waters
have gouged the ford deep.

Sgàthan

Tha solas nan làithean ud
glacte ann an sgàthan m' inntinn,
mar sgàthan cruinn cam Van Eyck,
's tu fhèin 's mi fhìn ann,
gun dùrd, gun ghluasad,
mo làmh aig cùl do chinn
's do làmh-sa air mo chliathaich
san deàlradh shòlaimte ud;
tha sgleò air a' chòrr de na làithean
is air na mìosan bhon uair sin,
's sinn ann an glacaibh a chèile
ann am boillsgeadh geal na cuimhne,
an sgàthan mì-fhreagarrach làn
san dorchadas a tha gar n-iadhadh.

Mirror

All the light of those few days
is held in the mirror of my mind
like that curved mirror of Van Eyck's,
you and me reflected in it,
wordless, unmoving,
my hand at the back of your head,
your hand on my side,
in that solemn luminosity,
the rest of the days irrelevant
and intervening months,
us holding each other still
in the unchanging light of memory,
the mirror incongruously full
amid the surrounding darkness.

Am Pailteas a' Chèitein

Tha coineanaich a' fiaradh nan rathaidean
ann am pailteas a' Chèitein de choineanaich 's de chàraichean,
tha a' ghaoth na ruith tron fheur fhada ghleansach,
na sealastairean nan seasamh gu caithreamach sna claisean.

'S tric a mhiannaich mi gu robh mi diofraichte'
seach mar a thà mi, gus do ghaol a ghleidheadh,
gu robh mo chraiceann òrbhuidh, m' anam sultmhor,
gu robh gràinean meala garbh nam sgòrnan.

Ach nuair a dh'fhosglas do bheul rim bheul-sa
tuitidh mi an comhair mo chinn dhan àm sa, dhan àite sa,
gun diù do shaoghal cèin na foirfeachd,
bidh mi gun sgàth, nam chat, nam gheàrr.

Chan fhaighte pòg na bu mhìlse air nèamh
na coinneachadh ar bilean ann am mionaid na tìme,
na coinneachadh na talmhainn nar làmhan sanntach
air bàirlinn na cruinne-cè luasganaich, mireagaich.

In May-time's Abundance

Rabbits dart across the roads
in May-time's abundance of rabbits and cars,
the wind courses through shining grasses,
yellow irises stand triumphant in ditches.

Often have I wished myself different for you
to hold your love; was discontent with how I am;
wished myself golden, my soul voluptuous,
with crystallised honey rough in my throat.

But when your mouth opens on mine,
I fall headlong to this place, this moment,
with no thought for the realms of perfection,
become fearless, am a cat, a hare.

No sweeter kiss could be found in heaven
than our lips meeting in pouring time,
than earth meeting earth in our grasping hands,
on a crest of a wave in the flowing, laughing universe.

Gàrradh air Dhearmad

Thachair a-rithist an-diugh
gun do mhothaich mi do bhlàth mìorbhaileach sa ghàrradh,
is nuair a theannaich mi air, 's mi studaigeadh
cuine chuir mi a leithid,
fhuair mi romham san fheur fhada riaslach
am bara dearg,
a bha mi fad làithean a' sireadh.

Neglected Garden

It happened again today
that I caught sight of wonderful blooms in the garden,
and when I approached them, wondering
when I had planted such specimens,
I found in the long straggly grass
the red wheelbarrow
I'd been missing for days.

EARRANN III
Càirdean is Caraidean

PART III

Friendships

Mise agus Pangur Bàn

Tha dàn Èireannach às an 9mh linn a' toirt dealbh dhuinn air cat, Pangur Bán, agus
manach, is an dithis aca gu comhartail an sàs anns na bu dual dhaibh le chèile – sealg
luchan agus sealg fhreagairtean.

Chunnaic am manach gum b' iomchaidh
Pangur Bàn a bhith ri luchan
fhad 's a bha e fhèin ri sgrìobhadh
sa scriptorium fhuar is luchan rim fògradh.

Ach chan eil an gnothach cho sìmplidh
dhòmhsa is an cat làn Whiskas is dallag aige.
An leig mi leis a' chat cluich le a chreach
is sin na dhualchas,

No an glac mi an creutair sgeunach san t-sluasaid
ach an tilg mi a-mach e san fheur fhada riaslach
far an ruith e air falbh gus an tèid a ghlacadh...
is truas dham cho-chreutair san nàdar agamsa?

Nam bu dualach do Phangur Bàn
greimeachadh air an luch a dh'aona leum
is dualach dhomhsa
a bhith eadar dà bharail:

An-dè shàbhail mi an luch;
an-diugh toilichidh mi an cat, 's mi sgìth ...
O nan robh am breithneachadh ceart
mar bu dual do mhac-an-duine.

Myself and Pangur Bàn

A ninth-century Irish poem describes a cat, Pangur Bàn, and a monk,
companionably intent on what each does best — hunting mice
and hunting intellectual solutions respectively.

The monk saw it fitting
that Pangur Bàn should be busy with a mouse
while he was busy with writing
in a cold scriptorium with mice to keep down.

But the matter is not so simple for me
when the cat has a shrew and is full of Whiskas.
Should I leave the cat well alone
as playing with his prey is part of his nature,

Or should I shovel up the terrified creature
and throw it out in the long grass
to scuttle away till next it's caught
as compassion for others is part of mine?

As it was instinctive for Pangur Bàn
to leap on his prey at one swift bound,
so is it instinctive for me
to hover between two minds:

Yesterday I saved the mouse,
today, being tired, I'll please the cat ...
If only hitting on the right judgement
were instinctive to the human.

Ugh Càsga Briste
do Cholm, aig trì bliadhna a dh'aois

Sheas thu air ugh na Càsga
a bh' agam bho aois m' òige
's tu dannsadh mun teine, cas-rùisgte.

Smaoinich mi mar a chomharraicheadh na Sìonaich
le duilleag de dh'òr
an sgoltadh a bhiodh ann an soitheach briste,
is iad a' dèanamh toileachas às a bhreòiteachd,
às a chàradh eadar bith is neo-bhith ...
ach 's ann a bha an t-ugh na mhìle pìos.

Is ged nach robh càil de bhreòiteachd
mun ràn a thàinig asad
's tu bàthadh a' chiùil ris an robh thu a' dannsadh,
no mu na deòir theth bha a' taomadh far do ghruaidhean,
chuirinn-sa òr air do chràdh aig an àm ud
's tu ag aithneachadh nach buan a' bhòidhchead.

Broken Easter Egg
for Colm at three years old

You broke an Easter egg
I had kept since a child
as you danced round the fire bare-footed.

I thought how the Chinese
would mark out in gold
the crack in a broken vessel,
taking a delight in its fragility,
in its state between existing and not ...
but this egg was in a thousand pieces.

And though there was nothing fragile
about your roaring
that drowned the music
you'd been dancing to,
nor in the hot tears
teeming down your cheeks,
I would mark out with gold
your sudden pain
as you understood that beauty does not last.

Ìomhaigh Bhriste

Gille beag air baidhsagal ùr
fo chraobhan òr-bhuidhe,
a mhàthair a' trotan ri thaobh.

Brùchdaidh Landrover orra. "Na rachaibh nas fhaide;
tha sinn dol a' losgadh."
Trèigidh an gille am baidhsagal sa bhad
is slaodaidh e a mhàthair air chùl
sreath mhàsan air maidean-seilg.

Bragadaich nan gunnachan
is tuitidh cuirp bheaga às na speuran,
teàrnaidh itean fuilteach gu socair.

"Cuir stad orra, a Mhamaidh,
feumaidh tu toirt orra sgur ..."

Bodaich a' feitheamh san rathad,
am bataichean ceangailte le pòcannan plastaig;
feuchaidh iad ris an latha a bheannachadh
dhan mhnaoi is pàiste
air èiginn a thogas an ceann,
is iad air am bacadh bhon co-chreutair
agus bho chàch-a-chèile,
ise, 's am baidhsagal air dhearmad na h-achlais,
an gille ga leantail le bus air,
air a sgreamhachadh le a h-eu-comas.

Broken Idyll

A little boy on a shiny new bike
under golden trees,
his mother trotting at his side.
A Landrover bursts upon them,
"You'll need to stop here, lady,
we're about to start shooting."
The boy abandons the bike
and drags his mother
behind a row of bottoms on shooting sticks.

They fire –
tiny corpses drop out of the sky,
bloody feathers drift down.

"Stop them, Mummy,
you've got to stop them ..."

A group of old men stand in the road,
their sticks tied with plastic bags;
they try to greet the woman and child
who barely look up,
barred from their fellow-man
and from each other,
she, with the discarded bike in her oxter,
the boy sulking behind,
disgusted by her powerlessness.

Bean-Taighe

Tha mi sgìth de thaighean-òsta,
an cuid leòim an àite blàiths,
an cuid sgeilm an àite sunnd,
ach an cuideachd a' ghille bhig

Bha e diofraichte, 's e air a ghlacadh
leis an teilidh, àrd san oisinn,
leis na cèisean de shiùcar, na botail de bhuilgeanan,
leis na luchagan is mathanan a' priobadh às gach cùil;

Is na ballachan srianach, craobhach, ballach,
brat tiugh air brat nas tighe fo ar casan,
sa chagailt, gaotharan is flùraichean tioram,
an uinneag le sgàilean, cùirtearan, babaidean,

Agus am meadhan na h-uile na h-aparan,
a làmhan dearga air a cruaichnean,
bean-an-taighe chruinn
's i ri spreadhadh leis a' phròis.

Landlady

I am weary of guest-houses,
of primness in the place of warmth,
of luxury in the place of cheer,
but in the child's company

It was different, with his delight
in the TV high in the corner,
in the sachets of sugar and phials of shampoo,
in the mice and bears in every nook and cranny,

The walls striped, sprigged, polka dot,
our feet in deep carpet on deeper carpet,
the fireplace stuffed with a fan and dried flowers,
the window with blinds, curtains, tasselled swags,

And in the midst of it all in her pinny,
red hands on hips,
the rounded landlady
bursting with pride.

A' Chiad Iasg

Togaidh an gille an t-iasg chun a' chamara,
is e làn den aon toileachas
a dh'fhairich a h-uile gille riamh
mu chiad iasg,
a h-uile isean ròin is dòbhrain,
a h-uile mathan is cat fiadhaich ...
Siud mise a' faicinn a-rithist
bualadh airgeadach an èisg air an dubhan
's e leisg an cuan fhàgail;
is athair is rud mar iargain na ghnùis,
airson a' chiad iasg aige fhèin, 's dòcha,
airson na chaidh a ghealladh de dh'iasg dha
is a fhuair air falbh ...
An triùir againn ann an lìon de smuain,
air ar glacadh le lainnir ghorm nan lann.

First Fish

The boy holds the fish for the camera,
full of the same excitement
that has filled every boy
with his first fish,
every seal pup and otter cub,
every bear and wild cat ...
There am I, seeing again
the silver thrashing of the fish on the hook
loathe to leave the sea ...
And the father, with a wistfulness in his face,
perhaps for his own first fish,
or for all the fish promised him
that got away ...
The three of us in a net of thought,
caught by the blue glitter of scales.

Rinn Mi Dhàsan E

Cha b' e gun d' rinn mi dearmad ort,
gu robh mi coma dhe do chàradh,
ach rinn mi dhàsan e,

Rinn mi air sgàth mo mhic e,
air sgàth m' fheòl' is m' fhala-sa,
rinn mi le eud màthar e,

Is mi air chrith
gun fhios nach biodh agam ri phàigheadh
le do chàirdeas...

Cha robh mi air a dhèanamh dhomh fhìn,
is fios 'am mar a thà thu:
cha robh mi airson do shàrachadh ...

Rinn mi dhàsan e
ged a tha spèis agam dhutsa
is tha am pian nis gar sgàineadh.

I Did It For Him

It wasn't that I forgot you,
ignored you, did not consider you ...
but I did it for him;

I did it for him,
my own flesh and blood;
I did it with a mother's passion,

I did it even while dreading
it might cost me
your friendship ...

I wouldn't have done it for myself
as I know how you feel:
I wouldn't have wanted to vex you;

I did it for my child
although I love you
and pain now pours between us.

A' Bhean Eudach
do Lilidh

Fhad 's a bha a brù ag at
dh'at m' eud;
fhad 's a chaidh a ceum an truimead
choimheadainn an dàrna taobh
gun dòchas nach cuireadh na mìosan
ri a fortan ...

Ach an latha a chrom mi thar a' phram
bhris uisgeachan mo dhoichill
is gheàrr mo chridhe leum
ro mo cho-thaistealaiche crìon.

Umha a Nì Fuaim

Nuair a dh'fhalbh i thug i taing dhomh
airson mo choibhneis thar nam bliadhnachan,
agus airson tiota bha moit orm aig a' mholadh;

Ach air cùl a faclan laigh an t-aithreachas
nach tug mi an còrr dhi,
nach deach agam air a' bhàidh a thoirt dhi
a bu mhotha a bha bhuaipe.

Agus airson a' chiad turais,
ghluais rudeigin nam mhionach dhi.

The Jealous Woman
for Lily

As her belly swelled
so did my envy;
as her step grew heavy
I'd look away
with no hope that the months
would lessen her good fortune ...

But the day I looked into the pram
the waters of my rage broke
and my heart leapt at the sight
of my tiny fellow-traveller.

'As sounding brass or a tinkling cymbal'

When she left she thanked me
for my kindness over the years,
and I was momentarily gratified by her praise;

But behind her words lay the regret
that I hadn't given her more,
that I had failed to give her
the affection she most craved,

And for the first time,
something in me moved for her.

'S E an Tuilleadh a Lùiginn

Mura b' e gu robh mi cho measail orra
cha robh mi air faireachdainn cho gann,
bha an àbhaist air a bhith math gu leòr.

Ach aithnichidh mi a-nis
gur h-e na bh' agam ri thoirt dhaibhsan
mo spèis lomnochd,
's mi gam meas mar duslach de dh'òr,
is gur h-e na bh' aca ri thoirt dhomhsa
an tuigse gum bu leòr e sin,
ged a b' e an tuilleadh a lùiginn.

Ceadaich Dhomh an Gaol as Lugha

Ceadaich dhomh an gaol as lugha
('s tric a bhuilichinn-sa a' chuid mhòr);
tha fios 'am na th' ann am mallachd
bhon a tharraing thu air ais do ghaol;
na dèan sgrùdadh air do leabhraichean-cunntais –
feuch an lorg thu na tha agad orm,
ach gabh do ghaol-s' 's mo ghaol-sa còmhla –
dèan tomhas air a' mheud gu lèir;
tha thu a' reubadh dà ghaol bho chèile –
tha gach ceum againn air dhol na ràn.

I Wish It Had Been More

If I hadn't been so fond of them,
I wouldn't have felt so lacking,
the usual would have done.

But I recognise now
that what I had to give them
was my raw regard,
my valuing them as gold-dust,
and what they had to give me
was the understanding that was enough
even though I wished it had been more.

Permit Me to Love You Less

Permit me to love you less
(often was I the one to love more);
since you snatched away your love
I've known what it is to be cursed;
do not examine your ledgers
for the balancing of our accounts,
but look to the sum total,
the greater and lesser together;
you are ripping two loves apart –
our every action has become a howl.

Màthair

Bha sinn a' coimhead nan rionnag
mus do thionndaidh sinn a-steach leis na coin,
is thuirt thu gum bu mhithich dhut
na h-ainmean aca ionnsachadh gu ceart.

Ach chan fhada gus am bi thu fhèin nam measg
's is mise a bhios a' feuchainn ri d' ainmeachadh,
thusa aig nach fhaca mi do nàdar
ach mar phriobadh fann an cuid solais –

Is tu riamh an ceann do dhleastanais,
mu chòcaireachd, caoraich, leabhraichean;
a bheil fios an d' fhuair thu do dhìol
airson do dheataim is spàirn is sgìths?

O gun lasainn de dh'aighear annad
na leigeadh leam d' fhaicinn gu slàn,
no chan fhaide thu bhuam nuair a' shiùbhlas tu
na bha thu rim thaobh a-nochd.

Mother

We looked at the starts for a while
before we turned in with the dogs,
and you said it was high time
you learnt their names properly.

But soon you will be among them yourself
and I will be the one trying to name you;
you whose nature I have seen
only as their faint points of light –

As you labour behind duty,
behind house-work, farm-work, books,
and who knows if you have your reward
for your care and effort and exhaustion.

I wish I could kindle a joy in you
that would let me see you whole
or you won't be further when you go
than you were tonight at my side.

Biadh na Nollaige

'S iomadh madainn Nollaig a sheasainn aig an uinneig
's mi coimhead mo mhàthar a' biadhadh nan caorach,
iad nan ruith dha h-ionnsaigh nan èiginn,
mar tonn a' monmhar thar a' bhlàir reòthte,
gus a h-eallach a shracadh lem bilean sgolte;
's bu bhuidhe am feur sin na laighe air an t-sneachd
na a h-uile sop tinsel a bh' againn a-staigh.

B' fhasa na bilean ud a shàsachadh
na na bilean dùinte ron teilidh
air nach robh acras den t-seòrsa ud,
ach acras airson Nollaigean eile –
agus Nollaigean nach robh riamh ann –
acras airson fhaclan òrdha
a bhuachailleadh dhan aon chrò sinn.

Christmas Dinner

Many a Christmas morning I've stood at the window,
watching my mother feed the sheep,
they running towards her in their need,
a thundering wave over the frozen ground,
to tear with cleft lips at her bundle of hay ...
and the golden wisps on the snow
shone brighter than all our tinsel indoors.

Those mouths were easier to satisfy
than the sealed mouths at the telly
that did not know that sort of hunger,
but a hunger for other Christmases –
and Christmases that had never been –
a hunger for golden words
that would herd us into the one fold.

Dadaidh

Shaoilinn gum b' fhasa do bhàs
na an caochladh mall seo
a thiodhlaic thu beò an duin' eile;
gum b' fhasa loch de dheòir a shileadh air d' uaigh
na bhith coimhead mo chuimhne a' lobhadh

Air fuamhair an aigheir,
le lasadh fhiaclan is bhachlagan dubha,
a lìonadh làithean m' òige le còmhradh,
a choisrigeadh an saoghal an aran ag èirigh,
an searragan pinc a ghlacadh fàileadh an t-samhraidh.

Cha sheall ach an cù ort,
beathach beannaicht', mar a sheallamaid-ne,
cha chuir e ceist, cha dèan e coimeas,
's e gu h-uasal a' feitheamh ri d' òrdugh,
gu h-uasal gad leantail gu ruig an deireadh.

Cò chì thu
nuair a sheachnas mi nad bhreisleach baoth thu
no nuair a chromas mi thairis air an leabaidh ghroid
gus suathadh nad mhaol àrd fàsail?
Nighean air liathadh a b' eòl dhut

Bho chionn fichead bliadhna
mus deach ar creachadh,
mus deach ar mallachadh,
mus deach ar tuigse a dhùsgadh
air an rèite a dh'ionnsaicheas bròn.

Daddy

I thought your death
would be easier to bear than this slow change
that has buried you alive in another man;
easier to weep a loch on your grave
than to watch my picture rot

Of a giant of joy
with flashing teeth and curls of black,
who filled all my young days with talk,
made the world marvellous in rising bread,
in gurgling demijohns trapped summer's scents.

Only your dog, blessed beast,
looks to you as we did once,
does not question, does not compare,
is proud to wait on your command,
proud to fall in with your plans to his last.

Who do you see
when I avoid your unstoppable, stupid rant,
or when I lean across the stinking bed
to kiss your desolate brow?
A daughter grown grey that once you knew

And twenty years ago knew you,
before we were stripped,
before we were cursed,
before there wakened in us
the peace taught by grief.

Màthair san Ospadal

Nad lios tha an t-sirist fo bhlàth,
lusan a' putadh tron talamh,
tha na h-uain air nochdadh sa phàirc,
gobhlanan-gaoithe air tilleadh mun t-sabhal,
ach tha an tè a dh'àraich na h-uile
a' faighinn ogsaidean san leabaidh –
cha mhilis leam àile an earraich
gus an latha a thig d' anail gu furast'.

Lethcheud Bliadhna Pòsta

 Bha mi an dùil nach robh adhbhar gàirdeachais ann
ann am pòsadh lethcheud bliadhna is an dàrna leth staoin;
chaill a' bhean a companach bho chionn fhada
san inntinn, mura b' ann san fheòil ...
Mar sin, leig mi an latha seachad
's mi faireachdainn gum biodh fiù 's cairt faoin.

Ach b' e am faoineas nach fhac' adhbhar gàirdeachais
ann am foighidinn na mnà
a chùm an teaghlach còmhla,
no ann an earbsa an fhir
a ghabh ri chuid eisimileachd gun nàire
agus ri dìlseachd a chèile gun cheist.

Mother in Hospital

In your garden the gean is in bloom,
vegetables push up through the soil,
lambs have appeared in the field,
swallows have returned to the byre,
but the one who nurtured it all
lies gasping in a hospital bed –
not till you breathe free
will the breath of spring be sweet.

Fiftieth Wedding Anniversary

I thought it wasn't a cause for celebration:
fifty years of marriage and half of them empty;
the woman lost her husband long ago,
if not in the flesh, then in the mind ...
so I let the day pass,
feeling even a card would seem shallow.

But it was shallowness not to celebrate
the woman's patience
that has kept the family whole,
and the man's trust in his spouse
that let him accept her loyalty without question
and his dependence on her without shame.

Caraid Sgoile

Tha an rùm dìreach mar a bha e
na feasgairean ud a chuir sinn seachad
nar laighe air ar blian ron teine,
a sholas a' mire air a' phiàna,
air na dealbhan de sheanairean is de shinn-sheanairean,
na cùirtearan tiugha a' dùnadh às na h-oidhche.

Tha a' mhàthair a' gabhail mo naidheachd,
is cuimhne aic' air gach duine againn;
tha am bodach fhathast a' gearain
mar a chaidh na Tòraidhean bhuaithe;
ach mo charaid-sgoile,
chan aithnichinn i,
's i gu giùigeach, trom,
a' strì ri gàire far an iomchaidh ...
is thig stad nam sheanchas
mu cholaistean, dreuchdan, pòsaidhean, naoidheanan ...
"Agus dè tha dol agaibhse?"
'S gann gu bheil de chridhe agam fhaighneachd.
Dìreach mus nach bi càil ri chur an cèill ach bròn,
dìreach mus nach bi càil ri rùsgadh ach call,
èiridh mi. Fiaraidh ar faileasan thar an rèidhlein
far an cluicheamaid uaireigin is dreasaichean geala oirnn.

Aig a' gheata tionndaidhidh mi is tha a làmh
air a leth-thogail mar gu robh ceist aice.
Togaidh mise mo làmh cuideachd:
soraidh slàn leis na h-uiread –

School Friend

The room is just as it was
those evenings we spent
on our tummies at the fire,
with the firelight flickering on the piano
and on the paintings of grandfathers and great-grandfathers,
the thick curtains keeping out the night.

Her mother asks for my news,
remembering everyone by name,
the old man is still complaining
how the Tories went downhill,
but my school friend –
I wouldn't have known her,
round-shouldered, heavy,
striving to laugh at the right places ...
my account falters
of colleges, careers, marriages, babies ...
  "And how are all of you?"
I hardly dare ask it.
Just before there is nothing to speak of but sorrow,
just before there is nothing to show but loss,
I leave. Our shadows slant across the lawn
where we played as little girls in summer frocks.

At the gate I look back and her hand is
half-raised as if in a question.
I raise my hand too:
farewell to so much –

Ach chan ann len cuid coibhneis
a sgàineadh an dealbh às aonais,
a bhriseadh an cridhe às aonais.

But not to their kindness
without which the picture would break,
without which the heart would break.

Tannasg Beò
le taing

"Bha e na annas dhomh," bha thu ag ràdh,
's tu a' cur na teatha mun cuairt
is a' càradh na spàin air an t-sàsar,
"Bha e na annas dhomh an t-seachdain sa chaidh
a bhith a' cluinntinn m' ainm am measg nam marbh.

"Chunnaic mi gu robh an seann taigh ri reic
agus ghabh mi nòisean fhaicinn uair eile,
chuir mi fòn chun nan estate agents
agus fhuair mi appointment feasgar Dimàirt.
Cha bhithinn air an t-àite aithneachadh.
'S ann le fear òg a tha e a-nis,
fear-cunntais no rudeigin ... Thuirt e
gum b' esan a rinn a h-uile sìon –
ath-uèirigeadh, central heating, bathroom suite ùr –
gu robh an t-àite air dol bhuaithe gu tur,
an dithis roimhesan air falbh ro luath, 's romhpasan,
seana-ghille bochd a chaochail ann ...

"Cha do leig mi càil orm,
ach 's cinnteach gun tug mi grèim às mo chois!"

Rinn sinn glag mòr gàire
a chumadh na sgàilean ris na h-uinneagan
aig an do shuidh do mhàthair
fichead bliadhna san leabaidh,
aig an do dh'òl d' athair
fortan na thost ...

146

Living Ghost
with thanks

"I had the curious experience," you were saying
as you stirred the tea
and arranged the spoon on the saucer,
"I had the curious experience last week
of hearing my name among the departed.

"I'd noticed the old house was for sale
and I took the notion to see it again,
phoned the estate agents,
and went along on Tuesday evening.
I wouldn't have known the place.
A young man's got it now,
an accountant or something ... He said
he'd had to do the lot –
rewiring, central heating, new bathroom suite –
that no-one had touched the place in years,
the couple before him having left too soon, and before them,
a poor bachelor who'd died there ...

"I didn't let anything on,
but be sure I pinched my leg!"

We laughed loudly
to keep the windows blinded
at which your mother had sat
twenty years in bed,
at which your father had silently
drunk a fortune ...

Is siud thusa,
a thàinig beò san taigh ud air ceòl
is a dh'èigheadh nad bhoile ris a' ghaoith
air bàrr nam monaidhean,
thusa, aig an robh spionnadh, dìoghras is fearg,
nis air do chuairt air chùl sgàil modha.

Is lean sinn oirnn a' gàireachdainn gus an tàinig na deòir,
oir cha b' urrainn dhutsa tuilleadh a rùsgadh
no dhòmhsa fiù 's aideachadh gu robh tuilleadh ann,
chan ann am fulangas nam marbh –
tha an latha-san seachad –
ach san tannasg bheò a bha romham –

Ach cha mhise an tè a thogas na sgàilean.

And here you are,
you, who lived off music in that house,
and raged against the wind
on the tops of the Pentlands,
you, who had vigour, passion and anger,
now on your way behind blinds of decorum.

We kept on laughing till the tears came,
for you would not reveal any more
nor I admit any more existed,
not in the suffering of the dead –
their day is over –
but of the living ghost before me –

But I am not the one to raise those blinds.

Fear Òg Thall Thairis
le taing

Rinn e air an dìol-dèirce
air ceumannan na h-eaglais, is stob e nota a-staigh
dhan chupa phlastaig anns an robh bonn na dhà.
Cha b' fhuilear dha a bhith fialaidh, oir nach ann air
a bha an t-àgh – fear òg thall thairis,
le deagh cheann, deagh obair, inbhe san t-saoghal ...

Is mar a thionndaidh e air a shàil
is eudailean na h-eaglais na rùn,
dh'fhairich e grèim air muinchill a sheacaid
is thairngeadh a làmh mhabte an uchd a' bhodaich,
"Gun toireamaid taing dhan Tighearna,
sinne aig a bheil comas ar ceithir ball!"

Thuislich am fear òg dhan dorchadas,
shuidh e air suidheachan. Cò an t-ìochdaran?
Cò an t-uachdaran? Na uchd
shuath clàran nàire is àrdain còmhla,
làbha a' brùchdadh eatarra,
is shìn tìr air ùr-dhealbhadh roimhe.

Young Man Abroad
with thanks

He made a bee-line for the beggar
on the cathedral steps, and stuffed a note
in the plastic cup that held a few coins.
It behoved him to be generous, for was he not
blessed – a young man abroad,
with a good brain, good job, good standing … ?

As he turned away,
intent on the treasures held in the church,
he felt a tug on the sleeve of his jacket
and his mangled hand was grasped by the beggar,
"Let us give thanks to the Lord,
we who have the use of four limbs!"

He stumbled into the dark interior,
sat down on a pew. Whose was it to pity?
Whose to be pitied? Within him
plates of pride and shame shifted,
lava erupting between them,
and a new-formed land stretched out before him.

Virtual

A Sheòrais bhochd,
bha uair, nad òige 's nad bhòidhcheid,
a shamhlaichinn ri treobhaiche thu,
na h-eich romhad air madainn earraich
's tu feadalaich le bile feòir nad bheul.

Nis tha thu a' cosg do bheatha
ann am flat gruamach grod
is roll-up eadar do bhilean,
's tu coimhead nan rudan air an teilidh
a shaoil sinn a dhèanamaid còmhla,
do spionnadh 's do dhòchas
air an caitheamh bho chionn fhada.

Tha sinn glacte leis an linn seo
ann an neo-ghnìomh,
an corp air a dhealachadh ris an inntinn,
agus tusa, a ghràidh,
's na mìltean coltach riut,
nur prìosanaich ann an saoghal fhaileasan.

Virtual

Oh my poor George,
there was a time in your youth and beauty
that I used to imagine you a ploughman,
whistling behind the horses on a spring morning,
a blade of grass between your lips.

Now you pass your life
in a gloomy little flat,
with a roll-up between your lips,
watching the things on the telly
we thought we'd do together,
your vigour and courage
long since spent.

We're trapped by this age
in inaction,
the body severed from the mind,
and you, my dear,
and thousands like you,
are prisoners in a cave of shadows.

Litir bho Charaid Aosta
le taing do Ian Olson

"Fo uinneag mo sheòmair
tha craobh-shirist na seasamh,
aoibhinn fo bhlàth as t-earrach,
is an-dràsta na fùirneis lasraich.

"Bidh mi a' coimhead oirre
gus an ciaraich am feasgar, is fios 'am
ri linn aon stoirm eile
gum falbh na h-uile
's gum bi an geamhradh air tighinn."

Is le sin, thig do litir gu crìch.
Is ged nach aidicheadh tusa no mise
gun robh barrachd is sin na lùib –
oir cumaidh na sean an cuid eagail dhaibh fhèin
agus 's leisg leis na leth-shean briseadh a-staigh –
cha b' e cuairt bhliadhnail na craoibhe
a thug dalladh gu grad gu mo shùil –
thuigeadh seinneadairean gun sgoil thu,
tuigidh, a charaid chaoimh, agus mise.

Letter from an Elderly Friend
with thanks to Ian Olson

> *"Beneath my bedroom window*
> *stands a generous cherry tree,*
> *delirious with blossom in springtime,*
> *and fired now with leaves like flame.*

> *"I sit and watch it till dark,*
> *knowing that one more storm*
> *and it will all be gone*
> *and winter here."*

And so you end your letter,
and though neither you nor I
would admit there was anything more –
for the old keep their fears to themselves
and the middle-aged fear to intrude,
it was not the tree's yearly cycle
that suddenly blinded my eye –
unschooled singers would understand you,
and so, dear friend, do I.

Am Bogsa-Litrichean

Dh'fhan mo litir ris a' phosta,
oidhche Shathairne, oidhche Dhòmhnaich,
ràinig i Dùn Èideann, chaidh a fosgladh,
sheas i greiseag air a' phiàna;

Ach tha mo chridhe fhathast
mar am bogsa-litrichean tron oidhche –
crò-dhearg, do-fhaicsinneach,
làn fios nach gabh lìbhrigeadh.

The Pillar-box

My card waited for the postman,
Saturday night, Sunday night,
arrived in Edinburgh, was opened,
stood a while on the piano;

But my heart is still
like the pillar-box through the night —
unseen, red-raw,
full of undeliverable messages.

Roy

Bha e na shearbhant do chànain a bha bàsachadh,
is bha e coltach gu robh buaidh aige seo air,
's e crùbte, lom,
a làmhan cho tana, tioram
ris a' phàipear air an do sgrìobh e
càrn cuimhneachaidh dhan chainnt.

Ach bha sùilean gorma ann,
is nuair a dhèanadh e gàire,
rachadh e a-rithist na ghille,
is iad a' lasadh le ait is bàidh
is iongnadh.

Agus 's e sin an rud as duilghe:
gu bheil na sùilean ud –
is chan e a' chànain –
air dhol à bith.

Roy

He was servant to a dying language
and this appeared to have had its effect
for he was stooped and spare,
his hands as dry and papery
as the sheets on which he had written
a memorial cairn to that tongue.

But his eyes were very blue,
and when he laughed
he would again become a boy
as they burned with joy and affection
and wonder.

And that is what is hardest to accept:
that those eyes –
and not the language –
are no longer.

Seann Bhàrd san Earrach

B' e tràth do ghlòir air an àrd-ùrlar
ach dè 'm feum a th' ann an glòir
nuair a tha stoirm a' sgiùrsadh do chridhe
airson boireannach leis am b' fheàrr
fireannach pòsta na thu fhèin 's do chuid bàrdachd?

Na làithean a bha gu bhith agaibh còmhla
 – Och, 's iad a bhiodh milis –
's tu gan caitheamh nad aonar,
a' triall nan sràidean ach am falbh am plèana,
gach tràth mar an t-sìorraidheachd a' magadh ort ...

'S tu coiseachd seachad air uiread de dhath
a bha air còrdadh rithe, a bha air còrdadh riutsa,
agus an dath a-nis an rud bu lugha bhuat
's tu ag iarraidh dhachaigh gu d' uinneig fhèin,
dha na deòir ghlasa a' ruith leis na leòsain.

Elderly Poet in Spring

It was your moment of triumph on stage,
but what good triumph,
when a rainstorm lashes your heart
for a woman who prefers a married man
to you and all your poetry?

And the days you were to be together
— Ah, how sweet they would have been —
spent wandering the streets alone,
waiting for the plane to go,
each hour a mocking eternity ...

You pass so much colour she would have loved,
so much you would have loved her loving,
when colour now is the least of your desires,
wanting home to your own window,
to grey raindrops sliding down the panes.

Do Raibeart MacFhearghais
1750–1774

Sheas mi fo chraobh ubhail sa mhadainn,
caithreamach àrd le srann nan seillean,
's iad air bhoil' gu deoghal gu domhainn
    às na cuachan geala,
is smaoinich mi orts', 'ic Fhearghais, ag obair
le do sheillean sa challaid,

Agus ortsa gu dìomhain an doilleireachd a' Bheadlaim,
an doilleireachd inntinn cràidhtich caithte;
an tàinig aiteal tuigse a-steach ort
    mar a loisgeadh do chonnadh
ach mar nach milleadh an tìm liath acrach
    do rannan sona?

Mura robh de neart agad a' chuach a thraoghadh
an robh thu air eòlas a chur air a' phòitear,
air an fhear-lagha, an lasgaire, a' mheàrlach 's an t-siùrsaich
    tro ghèilean a' gheamhraidh,
no air blas fhaighinn air na h-eisirean sùghmhor
    no air fàileidhean Dhùn Èideann?

Cha robh feum agads' air maothalachd Rabaidh,
air àibheiseachadh no a sheasamh eudmhor,
cha bu bhòidhche leatsa uchd na maighdinn na 'n lilidh,
    ach dh'òladh tu a' chiall,
's rùisg thu cealgaireachd le faclan geura
    is taic bhon Diabh'l.

To Robert Fergusson
1750–1774

At morning I stood at an apple tree,
lofty and clamorous with the buzzing of bees,
returning intent on drinking deep
    from the shining cups,
and I thought of you, Fergusson, at work,
    by your bee in the fence;

And of you broken in the gloom of the Bedlam,
in the dark of an agonised exhausted spirit.
Did any glimmer of understanding reach you
    of how your fuel was spent
but how ravenous time would never wither
    your blithe verse?

Had you lacked the spunk to drain the cup
would you have come to know the drunk,
the lawyer, dandy, thief and whore,
    while winter howled,
or savoured the caller oysters lush
    and Edinburgh smells?

You'd have no use for the sentiment of Robbie,
for his protestations and zealous manners,
not fairer to you the maid's breast than the lily,
    for you drank sense,
exposed hypocrisy with wit laconic
    and Old Nick's help.

163

Nam b' e urra mhòr thu ann an deise chlò
a bhuilicheadh a bhriogais air an stàit,
fear air am biodh cùram mu airgead 's mu chliù
    ga fhiaradh on t-saorsa,
am fosgladh dhut riamh uiread de shunnd
    no de cheòl do-chasgadh?

If you had been a worthy in good braid claith
who'd lived to bestow his old breeks on the state,
a man concerned with wealth and fame
    to wile him from bliss,
would there have opened to you such joy
    or music without stint?

Buntàt' is Sgadan

Chaidh an dàn seo a chur ri chèile air prògram Choinnich, air cuspair a thug Aonghas Dubh seachad, Là na Bàrdachd 2004.

Tha cuimhne agam air praisean mòra dhiubh
am measg nan oileanach an Obar Dheadhain –
sùgh glas, buntàt' glas, èisg ghlas,
's iad a' coimhead a-mach à àite
an leòm fhuar a' Great Northern Hotel,
is na h-oileanaich gan slugadh,
gu h-obann balbh, a' smaoineachadh air an dachaigh ...
ach cha do bhlais mise orra.

'S tha cuimhne agam air bodach sa chidsin
an Griomasaigh, is baraille fa chomhair,
is e a' reubadh ceann is mionach dhiubh le aon char,
fuil, salann is sùilean air feadh an àite,
is cha do bhlais mi orra sin na bu mhotha.

Ach nan toireadh tus', Aonghais Dhuibh,
truinnsear dhiubh an-dràsta dhomh,
dh'itheamaid còmhla iad
mar urram air na h-igheanan
a chutadh trì fichead dhiubh sa mhionaid
is gàir' air an aodann,
's air an iomadh cuimhne agads' nach eil agams' orra,
air a' bhuntàta gu dìomhair ag at san ùir,
air bolg an èisg a' fàs cruinn sa mhuir
is air ar càirdeas fhèin
a' fàs nas reamhra leis an aois.

166

Tatties and Herring

This poem was composed on Coinneach Mòr's programme on a subject given out by 'Black Angus', National Poetry Day 2004.

I remember the students in Aberdeen
with great pots of them –
grey broth, grey tatties, grey fish,
looking out of place in the cold
splendour of the Great Northern Hotel,
and they, suddenly silent,
wolfing them down, thinking of home …
but I didn't touch them.

And I remember the old man in the kitchen
in Grimsay, a barrel set before him,
cutting off heads and guts with one swift move,
blood, salt and eyes flying everywhere,
and I didn't touch those either.

But if you, Black Angus,
brought me a plate of them just now,
we'd eat them together,
as a homage to the girls
who'd gut sixty a minute
with a smile on their faces,
to your memories of them that are not mine,
to potatoes swelling in the dark earth,
to fishes' bellies getting round in the sea,
and to our own friendship
growing plumper through the years.

Ceum
do Iain Mac a' Ghobhainn

Air do dhalladh leis na solais,
stad thu aig oir an àrd-ùrlair
agus ghabh mi grèim air do ghàirdean –
gu h-obann mar bhioran –
agus leig mi a-nuas gu làr thu.

Cò aig'tha fios cà 'il thu cur nan caran a-nis,
ann an cò an aisling, cò am fànas,
cò an tost gun aigeann,
ged a tha an èigh a leig thu asad
fhathast a' seirm chun nan reultan.

Step

for Iain Crichton Smith

Dazzled by the lights,
you teetered at the stage edge
and I grasped your arm –
suddenly stick-like –
and lowered you to the floor.

Who knows where you're spinning now,
in what vision, in what void,
in what silence without bottom,
though your shout for humanity
still echoes towards the stars.

Tiodhlacadh

Tha mo nàbaidh a' tiodhlacadh a co-ogha
is cuimhne aice air an latha a rugadh e;
bha e ceithir fichead 's a trì.

Thogadh e eathar,
bheireadh e bradan às a' bhàgh;
bha Gàidhlig aige air rudan
air nach biodh Beurla aig mòran;
bha cuimhne aige air iomadh tadhal euchdach,
air na ceudan de phuirt,
air rudan air nach bruidhneadh e ...
dh'aithnicheadh e cùbhraidheachd
no fiaradh na grèine
aig àm sònraichte den bhliadhna ...

Coimheadaidh sinn an ùir a' tuiteam
air ciste anns an robh cruinne-cè
nach eil ann tuilleadh.

Burial

My neighbour is burying the cousin
she remembers being born;
he was eighty-three.

He could build a boat,
net a salmon in the bay;
knew the Gaelic for things
few know the English for;
remembered many a daring goal,
hundreds of pipe tunes,
remembered things he never spoke of ...
would recognise a perfume
or the sun's slant
at a certain time of year ...

We watch the soil shovelled in
on a coffin that contained a universe
suddenly not there.

Do m' Athair na Sheann Aois

Gu deònach suidhidh mi còmhla riut
agus roinnidh sinn an t-aran;
tha do mheòir reòite mar phliut,
do shròn ga cur mun cuairt
le obair bleith do chàireanan.

Gu deònach tadhlaidh mi tobhtaichean d' inntinn,
's iad a' stobadh a-mach mar stiopaill air am bomadh;
chan eil mi eòlach a-nis air an t-slighe
ach leigidh mi leat mo threòrachadh
tro bhaile brèagha briste m' àraich.

"Abair camhanaich àlainn!" tha thu ag ràdh,
's sinn a' coimhead a-mach air na caoraich 's na h-uain.
Chan eil fad' againn tuilleadh.
Òlamaid mar sin deoch-shlàint' eile
às do chupa copach.

To my Father in Old Age

And I will gladly sit with you
and share your bread;
your fingers are fused like a flipper,
the tip of your nose rotates
with the grinding of your gums.

Gladly will I visit the ruins of your mind
that stick up like bombed spires;
I don't know the way now
but I will let you lead me
through the beautiful broken city of my youth.

"What a lovely dawn!" you say
as we look out over the sheep and lambs.
We don't have long
so let us drink another draught
from your foaming flagon.

Envoi

Chunnaic mi eadar-theangachadh de dhàn leam
ann an duanaire de bhàrdachd ghaoil à Alba,
agus bu neònach leam gun robh an càirdeas
nach do mhair agamsa ach trì seachdainean
(ged a luidir an t-uisge-stiùir mi fad bhliadhnachan)
an sin an ainm a' ghaoil a mhaireas.

Bu neònaiche buileach na h-ìomhaighean –
cuid a ghineadh ann an òrain Ghàidhlig eile,
cuid a tharraing saighead a' chomhardaidh a-nuas –
is iad nan seasamh gu borb sa Bheurla,
gun iomradh fiù 's gum b' i a' Ghàidhlig
a' bhean-ghlùine dhaibh no am bogha.

Bitheadh an tàcharan ag imeachd -
tha a chaolan dhòmhsa air sgaoileadh;
ma labhras e ri feadhainn mu chàirdeas sìorraidh
gach beannachd leotha 's guma fada beò an gaol ac',
ach gur leamsa an taisbeanadh cinnteach àraid
nach ionann fìrinn na beatha is fìrinn na bàrdachd.

Envoi

I saw one of my poems translated
in a book of love poems from Scotland,
and it felt strange that an affair
that only lasted three weeks
(but in whose wake I floundered long after)
was there in the name of eternal commitment.

It was stranger yet to see the images –
some born of other Gaelic songs,
some brought down by the arrow of rhyme –
standing naked and incongruous in English,
with no mention that Gaelic
was either the midwife or the bow.

But let the changeling make its way –
its umbilical cord with me is cut;
if it speaks to some of enduring love
may theirs be the blessing of love that lasts,
but let this particular revelation be mine
that reality and poetic truth are not the same.